GUIDE DE CROCHETAGE DES SERRURES A GOUPILLES

Production et édition:
BoD - Books on Demand, Norderstedt

ISBN: 978-3-7448-7139-6

1.édition

Ce livre a été traduit à partir du Guide du livre de langue anglaise à crochetage Theodore T.Tool.

Contenu

GUIDE DE CROCHETAGE DES SERRURES A GOUPILLES

Ch   1

C'est facile

Le secret du crochetage des serrures est que c'est facile. N'importe qui peut apprendre comment crocheter.

La théorie du crochetage est l'art d'exploiter les défauts mécaniques des serrures. Il y a un certain nombre de concepts élémentaires et quelques définitions à savoir mais l'essentiel consiste en des astuces qui exploitent les défauts mécaniques particuliers ou les caractéristiques propres de la serrure à ouvrir. Ce manuel en reflète l'idée. Les premiers chapitres présentent le vocabulaire et les informations de base concernant certaines serrures et leur crochetage. Il est impossible d'apprendre le crochetage sans pratiquer. Un chapitre sera donc consacré à un ensemble d'exercices choisis avec soin pour vous aider à acquérir les tours de main et l'habileté nécessaire au tâtage et au crochetage. Ce manuel se termine par une liste de défauts mécaniques et des caractéristiques de certaines serrures ainsi que les techniques à employer pour reconnaître les dits défauts aux fins d'ouverture. Le premier appendice décrit comment fabriquer soi-même ses outils de crochetage. Le second appendice quant à lui présente l'aspect légal en France.

GUIDE DE CROCHETAGE DES SERRURES A GOUPILLES

Les exercices sont importants. Seule la pratique permet d'apprendre à reconnaître et à exploiter à votre avantage les défauts mécaniques d'une serrure. Cela signifie qu'il faut beaucoup s'exercer, aussi bien sur une même serrure que sur un grand nombre de marques et de modèles différents. Tout le monde peut ainsi apprendre comment ouvrir des serrures de bureau, des cadenas, mais la qualification pour ouvrir rapidement la plupart des serrures exige beaucoup d'entraînement pour obtenir cette compétence.

Avant d'entrer dans les détails des serrures à goupilles et de leurs techniques de crochetage, il faut préciser que ce n'est pas l'unique moyen d'ouverture. Toutefois c'est la solution la plus discrète car elle ne cause aucun dégât. En fait, il est souvent plus facile de neutraliser ou de contourner le mécanisme interne de la " sureté " ou d'autres parties de la porte (les gonds par exemple) que la serrure. Il est même parfois plus simple de contourner carrément la porte en passant par exemple par un autre endroit. Souvenez-vous : Il y a toujours une autre possibilité d'entrer qui est souvent bien meilleure.

Chapitre 2

Comment une clef ouvre une serrure ?

Ce chapitre présente le fonctionnement de base de la serrure à goupilles, et le vocabulaire utilisé dans cette brochure. Les termes utilisés pour décrire les serrures et les parties qui les composent varient d'un fabricant à l'autre et parfois d'une ville à l'autre, donc même si vous connaissez déjà le fonctionnement de base d'une serrure, vous devrez regarder le schéma 2,1 pour apprendre le vocabulaire que nous utiliserons dans ce manuel.

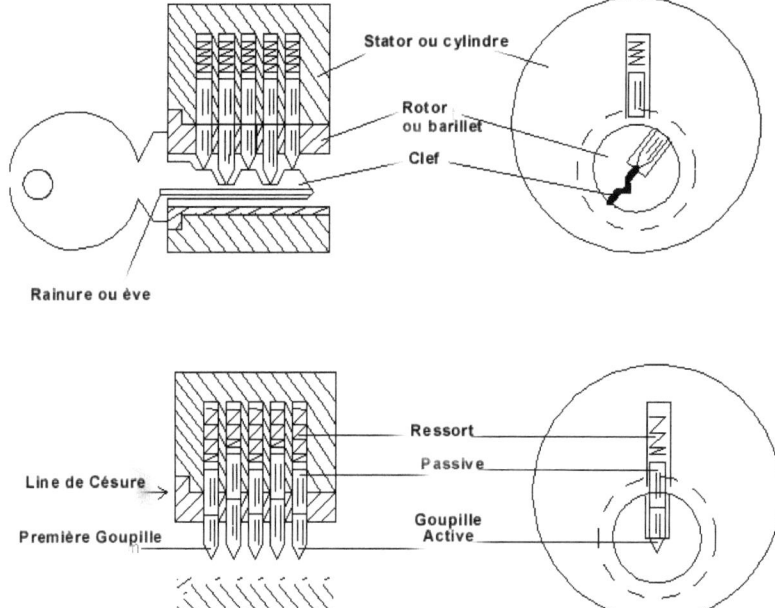

Schéma 2.1

GUIDE DE CROCHETAGE DES SERRURES A GOUPILLES

*note – nous avons utilisé comme référence le vocabulaire technique des meilleurs manuels français de serrurerie du moment.

Vous devez savoir, en premier lieu, quels sont les mécanismes physiques, mécaniques, qui entrent en jeu quand une serrure est ouverte par une clef. Vous devez aussi comprendre comment une serrure " répond " au tâtage et au crochetage. Les chapitres 3 et 5 traiterons de ce sujet, en s'appuyant sur des exemples.

Le schéma 2,1 présente le vocabulaire propre à la serrurerie que nous emploierons. La clef est insérée dans l' " l'entrée " du rotor ou barillet. Les protubérances sur les côtés de la l'entrée de la clé sont appelées des " éves " - qui seront saillantes et/ou rentrantes -. Les " éves " déterminent le profil de la clef pouvant être insérée dans l'entrée du rotor. Les différents profils de clef sont appelés " variures ". Le barillet ou rotor est la partie mobile de la serrure qui peut pivoter sur son axe lorsque la clef adéquate y est insérée complètement. La partie fixe de la serrure est appelée le cylindre ou stator. La première goupille touchée par la clef est appelée " première goupille ". Les goupilles restantes sont numérotées de l'avant vers l'arrière de la serrure selon leur nombre. (1, 2 ; 3, 4, etc.)

La clef adéquate lève les goupilles simultanément jusqu'à ce que l'intervalle (césure) entre les deux goupilles (de rotor et de stator) soit aligné avec la ligne de césure générale de la serrure appelée aussi "mise au passage ". Ce " passage " est donc constitué par l'interruption de l'organe de blocage : une " brisure " de la goupille. Quand toutes les goupilles sont en position d'ouverture, - " au passage " - le barillet dit aussi rotor peut tourner et la serrure peut être ouverte. Une clef inadaptée (dans la coupe des tailles de goupilles) laissera quelques goupilles à une hauteur inadéquate et donc fausse, entre le rotor et le stator, et ces dernières empêcheront la rotation du barillet (ou rotor) dans le cylindre (ou stator) en se bloquant contre ce dernier.

GUIDE DE CROCHETAGE DES SERRURES A GOUPILLES

Schéma 2.1 : Fonctionnements des serrures à goupilles

 *note – lexique

nous avons employé les termes de " goupille active " ou " active " pour la goupille de rotor – en effet, elle est en contact direct avec la partie " active " de la clef (la rampe)

les termes de " goupille passive " ou " passive " pour la goupille de stator, celle-ci subissant " passivement " l'action de " l'active "

un "piston" est constitué par deux logements cylindriques " en colonne " dans le prolongement l'un de l'autre dans le rotor et le stator et contenant deux goupilles empilées, de taille et de longueur variables, et d'un ressort dont l'ensemble constitue une " sûreté "

les différentes " tailles " ou " coupes " de la clef sont appelées " variations ". Ce sont les " dents " de la " clef plate " destinée aux serrures à goupilles.

les différents " profils " de clef engendrés par les " éves " sont appelés " variures ". Ils forment un dessin particulier en fonction des " rainures " de la clef quand on la regarde de face.

l'ensemble du " stator " ou " cylindre " et du " rotor " ou " barillet " forment le " canon " de la serrure ou du verrou

une serrure à goupilles est aussi appelée parfois serrure ou verrou " paracentrique "

un " verrou " ne comporte qu'un seul " pêne dormant " de forme rectangulaire qui ne peut être actionné que par la clé et/ou le bouton de manœuvre interne.

GUIDE DE CROCHETAGE DES SERRURES A GOUPILLES

Une serrure dite à " bec de cane " ou " demi-tour " comporte deux " pênes " : en plus du " pêne dormant " un autre " pêne " ou " gâche demi-tour " (taillée en biseau) qui vous permet de " fermer " (? ? ?) la porte en la " claquant "

Chapitre 3

Le modèle de démonstration

Pour devenir un bon " ouvreur ", vous aurez besoin de comprendre de façon détaillée comment fonctionne une serrure et quels sont les différents mécanismes physiques ou mécaniques qui entrent en jeu lorsqu'elle est tâtée ou crochetée. Ce manuel présente deux modèles différents de serrures pour mieux vous aider à en comprendre le fonctionnement. Ce chapitre présente un modèle qui souligne l'importance de la position de chacune des goupilles. Le chapitre 4 utilise ce même modèle pour expliquer les principes du tâtage, tout comme le chapitre 9 qui analyse certains défauts mécaniques plus complexes.

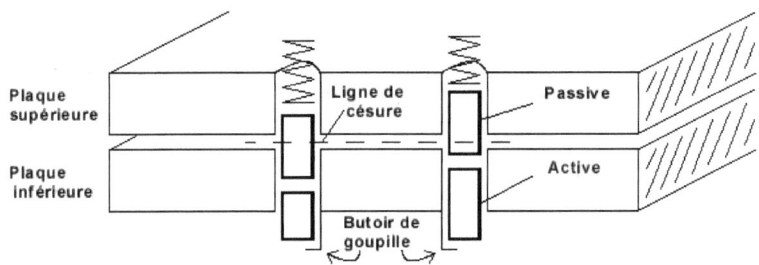

Schéma 3.1

Le modèle de serrure de démonstration est présenté dans le schéma 3.1. Ce n'est pas la coupe d'une véritable serrure, mais la représentation schématisée d'un mécanisme très simple utilisé dans un but didactique (inspiré d'une serrure d'époque romaine). Le rôle de cette serrure est d'empêcher deux plaques de métal de glisser l'une sur l'autre à moins que la clef adéquate ne soit présente. Cette serrure est constituée de deux plaques superposées et percées de trous de passage qui les traversent. Le schéma montre une serrure à deux " pistons ". Deux goupilles sont placées dans chaque trou de passage de façon à ce que l'intervalle (césure) entre les dites goupilles ne s'aligne pas au passage (avec la ligne de césure générale) entre les plaques. Le sommet de la goupille active doit être amené sur la ligne de césure générale des plaques pour autoriser l'ouverture. Une protubérance située sur la partie inférieure de la plaque du bas empêche les goupilles de tomber en dehors des plaques, et un ressort placé au-dessus de la plaque supérieure appuie sur la goupille passive (la goupille supérieure, appelée aussi " passive " ou " goupille de stator ").

Schéma 3.1: Modèle de serrure

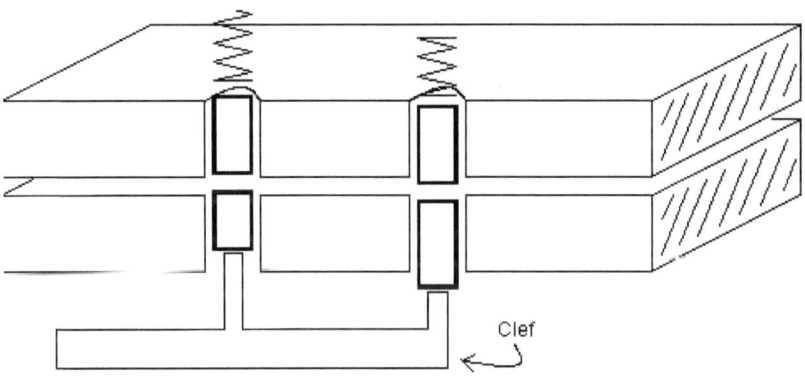

Schéma 3.2: (a) La clef lève les goupilles

Si la clef est absente, les plaques ne peuvent glisser l'une sur l'autre parce que une partie de la goupille passive passe au travers des deux plaques, les bloquant. La clef adéquate soulève les goupilles jusqu'à ce que l'espace (césure) situé entre les deux goupilles (de rotor et de stator) et la ligne de césure générale (l'espace se trouvant entre les plaques) soit alignée .(Voir le schéma 3.3). Ainsi, la clef soulève simultanément les goupilles (actives et passives) jusqu'à ce qu'elles atteignent leur ligne de césure propre puis la ligne de césure générale de la serrure. Dans cette configuration les plaques peuvent glisser l'une sur l'autre.

Le schéma 3,3 illustre également l'une des caractéristiques fondamentales des serrures. Il existe toujours un certain jeu entre les différentes pièces constituant une serrure. En effet, toute pièce mécanique glissant l'une sur l'autre doit être séparée par un intervalle, un jeu, même très léger. Le jeu mécanique entre les deux plaques permet à une variété de clefs correctement taillées d'ouvrir la serrure. Remarquons que la goupille de droite dans le schéma 3,3 ne se trouve pas exactement au même niveau que celle de gauche, cependant la serrure s'ouvrira quand même.

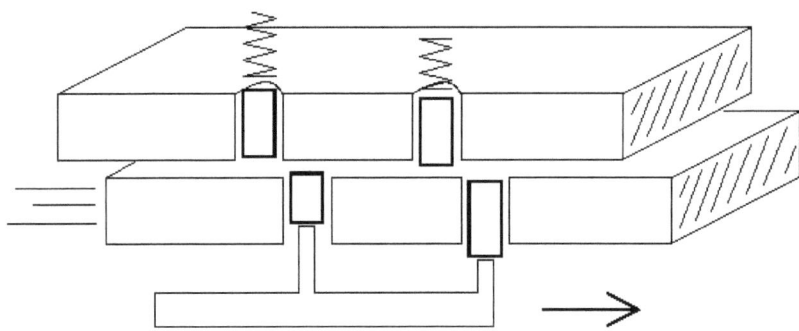

Schéma 3.3: (b) La clef adéquate permet aux plaques de glisser

GUIDE DE CROCHETAGE DES SERRURES A GOUPILLES

Chapitre 4

Bases du crochetage & les défauts mécaniques

Le modèle de démonstration souligne le défaut de base qui permet le crochetage : le jeu mécanique. Ce défaut permet d'ouvrir une serrure en positionnant les goupilles par tâtage l'une après l'autre, Il n'est alors plus nécessaire qu'une clef soulève tous les goupilles en même temps. Les schémas 4.1- 4.3 montrent comment les goupilles d'une serrure peuvent être soulevées une par une par tâtage. La première étape de cette procédure consiste à appliquer une force translatoire sur la serrure en poussant longitudinalement sur la plaque du bas. Cette force permet à une ou à plusieurs des goupilles d'être coincées entre les deux plaques en raison des jeux mécaniques. Le défaut le plus classique des serrures est qu'une seule goupille bloque l'ouverture (le glissement) des deux plaques. Dans le schéma 4,1 on peut remarquer que la goupille de gauche bloque les plaques. Pourtant, même si une goupille bloque, elle peut être poussée vers le haut grâce à un outil de crochetage (que l'on appelle " palpeur " ou " pick " ou " lifter " en anglais), voir le schéma 4.2. Quand le sommet de la goupille active atteint la ligne de césure générale, la plaque du bas peut alors glisser légèrement. Si le palpeur est retiré, la goupille sera maintenue par chevauchement ou cisaillement de la plaque du bas, et la goupille active retombera en bas à sa place initiale , voir le schéma 4.3. Le léger mouvement de la plaque du bas cause alors le blocage d'une nouvelle goupille. La même procédure pourra alors être utilisée pour positionner correctement cette dernière.

GUIDE DE CROCHETAGE DES SERRURES A GOUPILLES

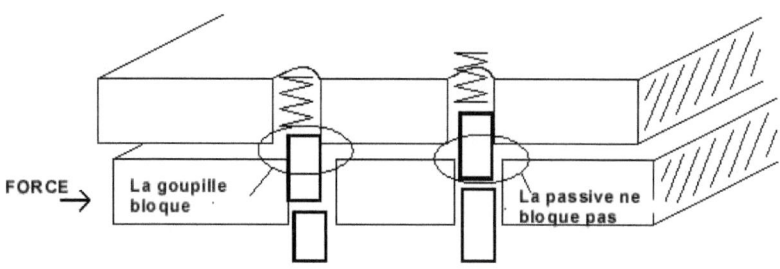

Schéma 4.1

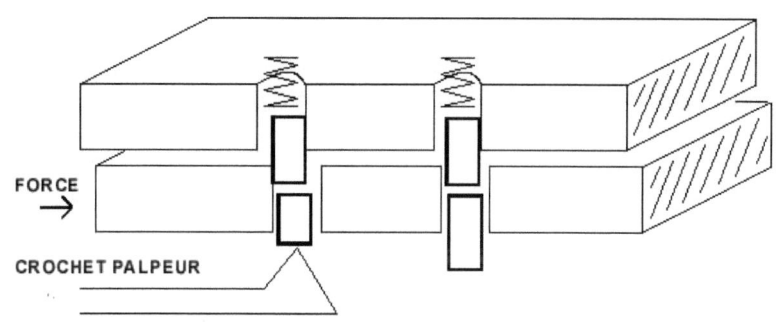

Schéma 4.2

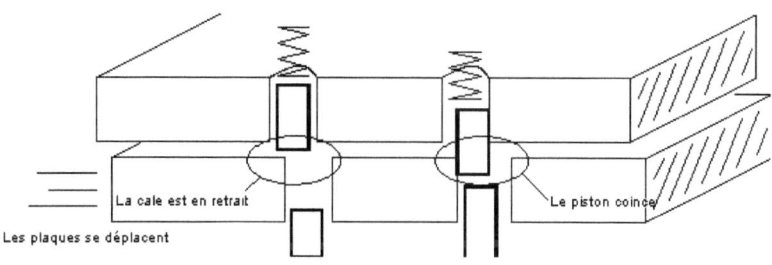

Schéma 4.3

Ainsi, la technique du tâtage goupille par goupille consiste à appliquer une force translatoire (rotative dans le cas d'une serrure à rotor), à trouver la goupille qui coince le plus, et la mettre en place. Quand le sommet de la goupille active atteint la ligne de césure générale et est " au passage " , la partie en mouvement de la serrure bougera légèrement, et la goupille sera alors " piégée par cisaillement" entre les plaques au niveau de la ligne de césure générale (" au passage "). On appelle cela positionner.

Le chapitre 9 traite des différents défauts qui font qu'une seule goupille à la fois bloque le mécanisme.

1. Appliquez une force rotative. 2. Trouvez la goupille qui coince le plus. 3. Pousser cette dernière vers le haut jusqu'à ce que vous sentiez qu'elle a atteint la ligne de césure. 4.Repasser à la deuxième étape et ainsi de suite.

Chapitre 5

Le modèle à goupilles

Le modèle de serrure didactique peut expliquer les effets qui impliquent plus d'une goupille, mais un modèle différent est nécessaire pour expliquer le fonctionnement détaillé d'une seule goupille. Voire le schéma 5.1. Le modèle de goupilles " en colonne " souligne le rapport entre la pression rotative à appliquer et la force à employer pour soulever chaque goupille. Il est essentiel que vous compreniez cette interdépendance.

GUIDE DE CROCHETAGE DES SERRURES A GOUPILLES

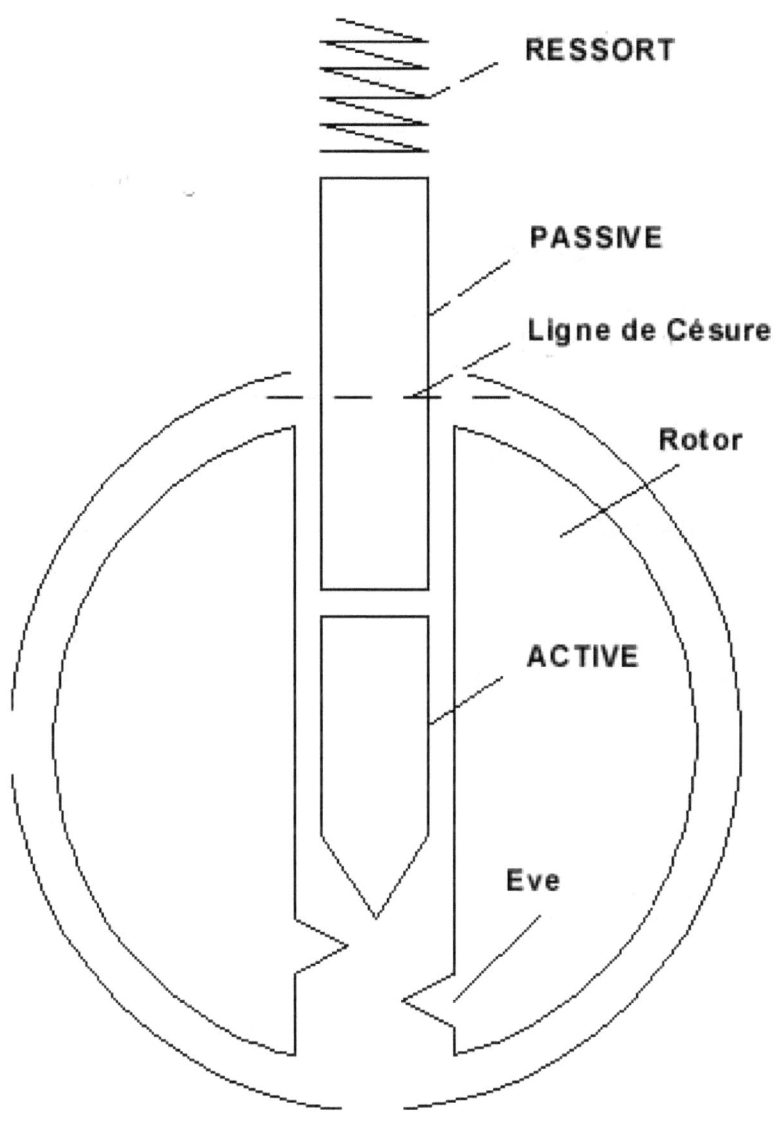

Schéma 5.1

GUIDE DE CROCHETAGE DES SERRURES A GOUPILLES

Pour comprendre la "sensation" du tâtage vous devez savoir comment le mouvement d'une goupille est affectée par la rotation appliquée par votre outil de tension (que l'on appelle un entraîneur) et par la pression appliquée par votre crochet palpeur. Un bon moyen de représenter cette interaction est un graphique représentant la pression minimum nécessaire pour déplacer une goupille, en fonction de la profondeur qu'elle doit atteindre à partir de sa position initiale. Le reste de ce chapitre extrapolera le graphique des forces à appliquer pour le modèle des goupilles en colonne.

Le schéma 5,2 représente la position d'une goupille lorsqu'une force rotative est appliquée sur le rotor. Les forces en présences sont les frottements des côtés de la goupille, la pression du ressort au-dessus du mécanisme, et le contact de la goupille du dessous. La force à appliquer sur le crochet palpeur détermine la pression du contact en dessous.

GUIDE DE CROCHETAGE DES SERRURES A GOUPILLES

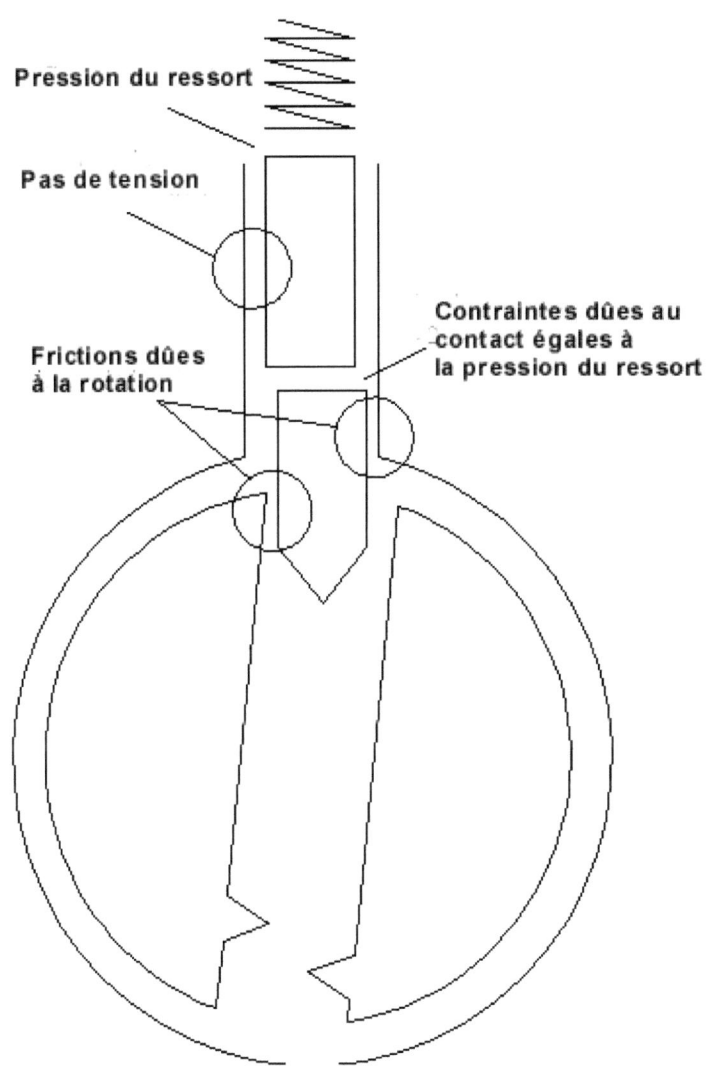

Pression du ressort

Pas de tension

Frictions dûes
à la rotation

Contraintes dûes au
contact égales à
la pression du ressort

Schéma 5.2

GUIDE DE CROCHETAGE DES SERRURES A GOUPILLES

La pression du ressort augmente lorsque les goupilles sont poussées dans le cylindre, mais cette augmentation est légère, nous supposerons donc que cette tension est constante. Les goupilles ne se déplaceront pas à moins que vous appliquiez assez de pression pour comprimer le ressort. La friction due à la tension rotative est proportionnelle à la manière dont la goupille est bloquée entre le rotor et le stator, qui est, dans ce cas proportionnel à la rotation. Plus vous imprimez une rotation au barillet, plus dur sera le déplacement des goupilles. Pour déplacer une goupille vous devez donc appliquer une pression supérieure à la somme de la pression du ressort et des forces de frottement.

GUIDE DE CROCHETAGE DES SERRURES A GOUPILLES

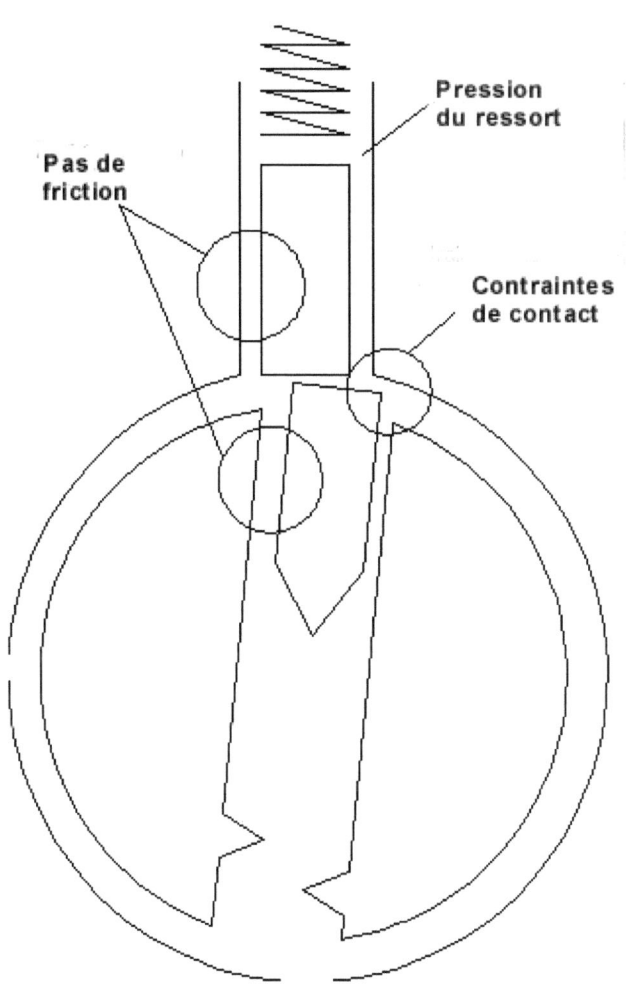

Pression
du ressort

Pas de
friction

Contraintes
de contact

Schéma 5.3

GUIDE DE CROCHETAGE DES SERRURES A GOUPILLES

Quand la goupille atteint la ligne de césure, la situation change soudainement (Voir le schéma 5.3.). La force de friction chute et le rotor tourne légèrement (pour être coincé par une autre goupille). Maintenant la seule force en présence est celle du ressort. Après que le sommet de la goupille ait traversé l'intervalle entre le rotor et le stator, une nouvelle force de frottement apparaît entre la goupille et le stator. Cette force peut être assez importante, et nécessite alors une plus grande pression pour déplacer la goupille.

GUIDE DE CROCHETAGE DES SERRURES A GOUPILLES

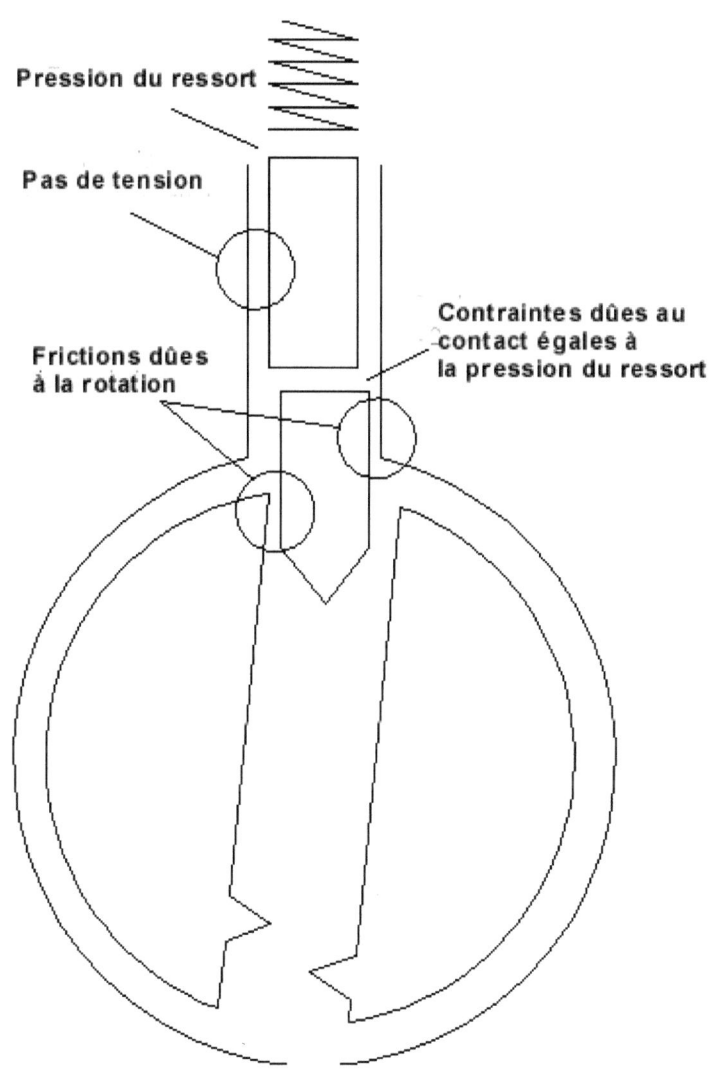

Pression du ressort

Pas de tension

Frictions dûes
à la rotation

Contraintes dûes au
contact égales à
la pression du ressort

Schéma 5.4

GUIDE DE CROCHETAGE DES SERRURES A GOUPILLES

Si les goupilles sont poussées plus loin dans le cylindre, la goupille entre à son tour en friction dans la situation initiale. Voire le schéma 5.4. Ainsi, la tension nécessaire pour déplacer les goupilles de part et d'autre de la ligne de césure est approximativement la même. Accroître la rotation augmente la tension nécessaire. Au niveau de la ligne de césure, la tension augmente énormément et brusquement lorsque la goupille entre en contact avec le stator. Cette analyse est résumée graphiquement dans le schéma 5.5.

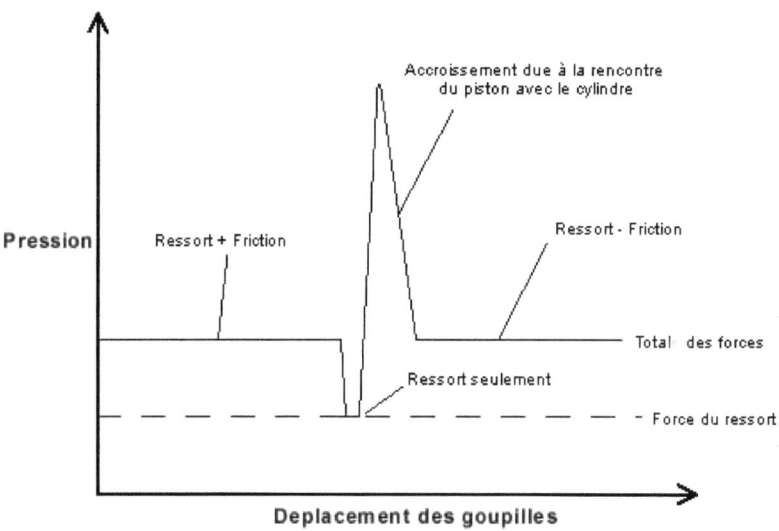

Schéma 5.5

GUIDE DE CROCHETAGE DES SERRURES A GOUPILLES

Chapitre 6

Bases du "raclage" ou du " ratissage "

A la maison vous pouvez prendre votre temps pour crocheter une serrure, mais sur le terrain, la vitesse est toujours essentielle. Ce chapitre présente une technique de crochetage appelé "raclage" qui permet d'ouvrir rapidement un grand nombre de serrures. (aussi nommé " racking " en anglais)

La première étape de la technique de base (chapitre 4) est de localiser la goupille qui bloque le plus. Le diagramme des forces en présence (schéma 5.5) développé dans le chapitre 5 suggère une technique rapide pour déterminer quelle goupille positionner en premier. Considérons que toutes les goupilles peuvent être caractérisées par le même diagramme de forces. Cela, suppose qu'elles coincent toutes en même temps et qu'elles subissent les même contraintes. Considérons maintenant l'utilisation d'un crochet sur toutes les goupilles avec une pression suffisante pour vaincre la tension du ressort et les frottements mais insuffisante pour vaincre les contraintes dues au contact de la goupille contre le cylindre ou stator. Toute pression supérieure à la partie plate du diagramme des forces et inférieure à l'extrémité supérieure fonctionnera. Lorsque le crochet passera sur une goupille, ce dernier se déplacera jusqu'à ce qu'il rencontre le cylindre ou stator, mais il n'y entrera pas. Voir le schéma 5.3. La force de contact exercée sur la ligne de césure résiste à la pression du crochet, donc ce dernier passe sur la goupille sans la faire pénétrer dans le cylindre ou stator. Si la tension rotative adéquate est appliquée, le rotor ou barillet tournera légèrement. Lorsque le crochet ou pick abandonnera la goupille, cette dernière retombera à sa place initiale, mais la goupille passive sera coincée sur le bord du rotor (ou barillet) et restera au-dessus de la ligne de césure. Voire le schéma 6.1. En théorie un seul passage sur les goupilles pourrait entraîner l'ouverture de la serrure.

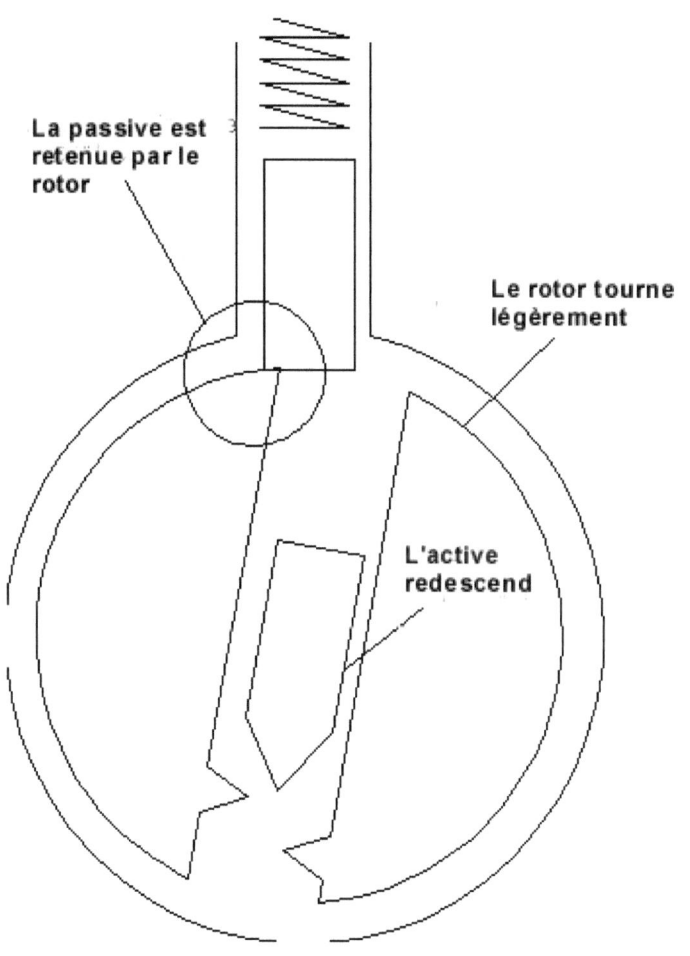

La passive est retenue par le rotor

Le rotor tourne légèrement

L'active redescend

Schéma 6.1

GUIDE DE CROCHETAGE DES SERRURES A GOUPILLES

En pratique une ou deux goupilles tout au plus se positionneront lors d'un seul passage du crochet, donc plusieurs passages seront nécessaires. En résumé, vous devez déplacer rapidement le crochet " racleur " d'avant en arrière sur les goupilles tout en ajustant la force rotative sur le rotor ou barillet. Les exercices du chapitre 8 vous apprendront comment déterminer la rotation et la pression adéquate.

Vous trouverez que les goupilles d'une serrure ont tendance à se positionner dans un ordre particulier. Beaucoup de facteurs déterminent cet ordre (voire le chapitre 9), mais la cause fondamentale est un non-alignement de l'axe du barillet avec l'axe sur lequel les trous de passage des goupilles ont étés forés. Voire le schéma 6.2. Si l'axe des trous des goupilles est à l'oblique par rapport à l'axe central du rotor, les goupilles se positionneront de l'avant vers l'arrière si le rotor pivote dans un sens, et de l'arrière vers l'avant si ce rotor pivote dans l'autre sens. Beaucoup de serrures ont ce défaut.

GUIDE DE CROCHETAGE DES SERRURES A GOUPILLES

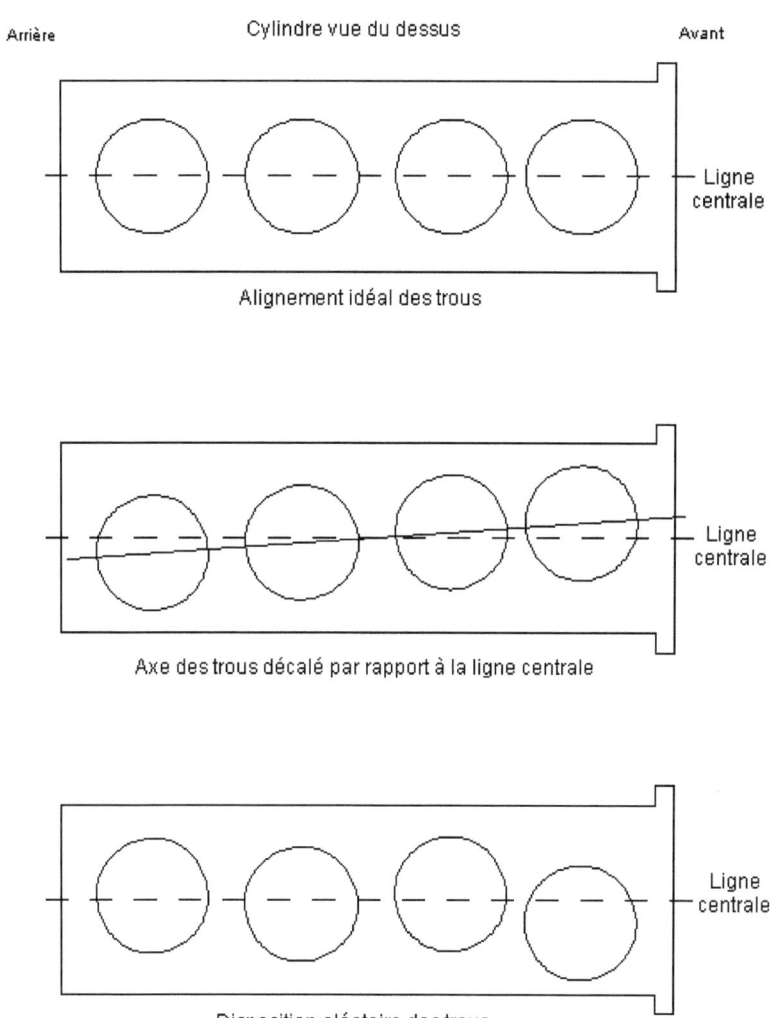

Schéma 6.2

GUIDE DE CROCHETAGE DES SERRURES A GOUPILLES

*note: la différence de diamètre entre les trous de passage et les goupilles donnent des défauts d'isométrie, la différence d'alignement des trous des défauts de parallélisme qui se combinent et s'additionnent

Le raclage est plus rapide parce que vous n'avez pas besoin de positionner les goupilles individuellement. Il vous suffit seulement de trouver le sens de rotation du stator et la pression rotative adéquate à exercer. Le schéma 6,1 résume les étapes du crochetage par raclage. Les exercices vous apprendront comment reconnaître quand une goupille est positionnée et comment appliquer une tension rotative suffisante. Si une serrure ne s'ouvre pas rapidement par " raclage " c'est qu'elle possède probablement une des caractéristiques décrites dans le chapitre 9 et vous devrez positionner chaque goupille individuellement à l'aide du palpeur .

1. Insérer le crochet. Sans appliquer de rotation, retirez le crochet afin de déterminer la pression des ressorts de la serrure. 2. Appliquez une légère rotation. Insérer le crochet sans toucher les goupilles. Puis retirez le crochet en appliquant une pression sur les goupilles. La pression doit être légèrement plus grande que le minimum nécessaire pour comprimer les ressorts. 3. Graduellement augmenter la pression rotative à chaque passage du crochet jusqu'à ce que les pistons commencent à se positionner. 4 En gardant l'entraîneur immobile déplacez d'avant en arrière le crochet sur les goupilles qui n'ont pas étés positionnées. Si des goupilles ne se positionnent pas correctement, relâcher la tension et recommencez en imprimant à l'entraîneur une rotation équivalente à celle de l'étape précédente : 5. Une fois que la majorité des goupilles ont été positionnées, augmenter la rotation et "racler" les " goupilles " avec une pression légèrement plus grande. Cela placera toutes les goupilles maintenues en position basse (à cause des bords biseautés du rotor)

GUIDE DE CROCHETAGE DES SERRURES A GOUPILLES

Chapitre 7

Techniques avancées de crochetage

Les techniques simples de crochetage/tatâge constituent un art que tout le monde peut apprendre. Cependant, les techniques avancées nécessitent une habileté, une sensibilité mécanique, une grande dextérité, une concentration visuelle, et enfin une pensée analytique. Si vous vous entraînez fréquemment au crochetage, vous ferez rapidement des progrès et pourrez ainsi passer à cette nouvelle étape.

7,1 habiletés mécaniques

Apprendre comment manipuler les goupilles est étonnamment difficile. Le problème est que l'habileté et la finesse que vous avez acquis dés votre plus jeune âge nécessitent une position fixe ou une trajectoire fixe pour vos mains, et ce, quelque soit la force nécessaire. Pour le crochetage vous devez apprendre comment appliquer une tension régulière quelle que soit la position de votre main. Lorsque vous retirez le crochet palpeur hors de la serrure vous devez appliquer une pression régulière sur les pistons. Le crochet doit "rebondir" de haut en bas dans la serrure en fonction de la résistance de chaque goupille.

Pour crocheter une serrure vous devez sentir les effets de vos manipulations. Pour cela, vous devez être sensible au bruits et aux sensations que produisent le passage du crochet palpeur sur les goupilles. Cette habileté mécanique ne peut s'acquérir qu'avec la pratique. Les exercices vous aideront à recueillir les informations importantes que vos doigts peuvent déceler.

7,2 Zen ou l'Art du crochetage de serrure

Pour exceller en crochetage, vous devez vous entraîner à visualiser et à reconstruire les phénomènes en présence. L'idée est d'utiliser les informations transmises par tous vos sens pour construire une image mentale de ce qui passe à l'intérieur de la serrure lorsque vous la " tâter ". Ainsi, tout vos sens vous permettent de construire une image mentale pour comprendre comment la partie du mécanisme interne de la serrure répond à vos manipulations. Une fois que vous savez comment construire cette image mentale, il vous sera facile d'effectuer les manipulations qui ouvriront la serrure.

Tous vos sens fournissent des informations sur la serrure. Le toucher et le son fournissent le plus d'informations, mais les autres sens peuvent en révéler d'autres aussi importantes. Par exemple, l'odorat peut vous dire si une serrure a été lubrifiée récemment. En tant que débutant, vous aurez besoin d'utiliser vos yeux pour coordonner vos gestes, mais avec le temps il ne sera plus utile de regarder la serrure. En fait, il est même recommandé de faire abstraction de la vue, pour construire une image mentale de la serrure basée sur les informations que vous recevez grâce au toucher et à l'ouïe.

L'objectif de cette technique de visualisation mentale est d'acquérir une plus grande concentration sur la serrure. Il faut essayez d'ignorer toute sensation ou pensée étrangère à la serrure, mais il ne faut surtout pas forcer la concentration.

7,3 Pensée Analytique

Chaque serrure a ses propres caractéristiques qui les rendent plus ou moins facile à crocheter. Si vous apprenez à reconnaître et à exploiter les "traits particuliers" de chaque serrure, le crochetage en sera plus rapide. Il s'agit en fait, d'analyser la réaction que vous obtenez de la serrure que vous crochetez, de diagnostiquer son " caractère " et d'utiliser alors votre expérience pour déterminer l'approche la mieux adaptée pour parvenir à vos fins. Le chapitre 9 traite d'un grand nombre de " caractéristiques classiques " à exploiter en votre faveur.

Beaucoup de gens sous-estiment bien souvent les facultés analytiques à mettre en œuvre pour le crochetage d'une serrure. Ils pensent que seul le crochet ouvre la serrure. Pour eux l'entraîneur n'est qu'un outil passif qui fait seulement pivoter le rotor. Permettez-moi de proposer une autre approche de la situation. Le crochet palpeur pousse seulement sur les goupilles pour obtenir des informations sur la serrure. Basé sur l'analyse de ces informations la tension de l'entraîneur est ajusté pour maintenir les goupilles en position alignée. Et c'est l'entraîneur qui ouvre la serrure.

Varier la tension de rotation quand le crochet va et vient dans la serrure est une astuce qui en général peut être utilisé pour venir à bout de bien des problèmes en crochetage. Par exemple, si les goupilles du milieu sont bien positionnées, mais que celles du fond ne le sont pas, vous pouvez augmenter la tension de rotation quand le crochet se déplace sur les goupilles du milieu. Cela réduira les chances de déplacer les goupilles correctement positionnées. Si une goupille ne semble pas se soulever suffisamment quand le crochet palpeur passe dessus, il faudra essayer de réduire la tension de rotation au prochain passage.

GUIDE DE CROCHETAGE DES SERRURES A GOUPILLES

L'habileté à doser la force de rotation quand le crochet se déplace, exige une prudente coordination des deux mains, mais plus vous " visualiserez " le processus de " tâtage " d'une serrure, plus vous maîtriserez cette technique importante.

Chapitre 8

Exercices

Ce chapitre présente une série d'exercices qui vous aideront à acquérir l'habileté nécessaire au crochetage. Quelques exercices sont destinés à l'apprentissage de techniques particulières, alors que d'autres vous familiariseront à la coordination des mouvements.

Quand vous faites ces exercices, concentrez-vous sur la finesse et la précision de vos gestes, et non sur l'ouverture de la serrure. Si vous vous concentrez sur l'ouverture de la serrure, vous risquez d'être frustré et vous arrêterez de progresser. L'objectif de chaque exercice est d'apprendre quelque chose de spécifique sur la serrure que vous manipulez et d'en savoir plus sur vous-même. Si une serrure finit par s'ouvrir, essayez de vous remémorer ce que vous faisiez et ce que vous avez senti juste avant qu'elle ne s'ouvre.

Ces exercices doivent être pratiqués par courtes sessions. Après environ trente minutes de pratique vous trouverez que vos doigts deviennent douloureux et que votre esprit perd sa capacité de concentration.

8,1 Exercice 1 : Faire "rebondir" le crochet

Cet exercice vous permet d'apprendre comment appliquer une pression régulière sur les goupilles, avec le crochet palpeur, indépendamment de la manière comment ce dernier se déplace dans la serrure. En fait, il s'agit d'apprendre comment permettre au crochet de "rebondir" lors de son déplacement de haut en bas en le retirant du rotor en fonction de la résistance offerte par chaque goupille.

GUIDE DE CROCHETAGE DES SERRURES A GOUPILLES

La manière dont vous tenez le crochet aura une incidence sur votre facilité à appliquer une pression régulière. Vous devez le tenir de façon à ce que la pression vienne de vos doigts ou de votre poignet. Votre coude et votre épaule n'ont pas la dextérité suffisante pour crocheter une serrure. Quand vous pratiquez le "raclage" sur une serrure remarquez quelles articulations de vos doigts sont immobiles et lesquelles peuvent bouger. Les articulations en mouvement fournissent la pression.

Une manière de tenir un crochet est d'utiliser deux doigts pour fournir un point d'appui pendant qu'un autre doigt manipule le crochet pour fournir une pression. Les doigts que vous utiliserez sont une question de choix personnel. Une autre manière est de tenir le crochet comme un crayon. Avec cette méthode votre poignet fournit la pression. Si le poignet fournit la pression, l'épaule et le coude doivent fournir la force pour déplacer le crochet d'avant en arrière dans la serrure. N'utilisez pas votre poignet à la fois pour déplacer le crochet et pour appliquer une pression.

Un bon moyen de s'habituer à la sensation du crochet se déplaçant de haut en bas dans la serrure est de s'entraîner sur les goupilles d'une serrure déjà ouverte. Les goupilles ne peuvent pas être poussés vers le bas, donc le crochet doit " s'ajuster " à la hauteur des goupilles ; Essayez de sentir les goupilles cliqueter lorsque le crochet les déplace. Si vous déplacez le crochet rapidement vous pouvez entendre les cliquetis. Cette même sensation vous aidera à déterminer quand une goupille est positionnée. Si un goupille semble être positionnée mais ne cliquette pas, c'est qu'elle n'est pas vraiment positionnée. Ce type de problème peut être résolu en poussant sur les goupilles pour les positionner plus bas, ou en relâchant la rotation de l'entraîneur et ainsi leur permettre de regagner leur place initiale.

Un dernier conseil. Concentrez-vous sur le bout du crochet. Ne pensez pas comment vous déplacez la poignée du crochet palpeur ! Pensez uniquement à la manière dont vous déplacez le bout du crochet sur les goupilles !

8,2 Exercice 2 : Pression de crochetage

Cet exercice vous apprendra l'éventail des pressions pouvant être appliqué avec un crochet. Quand vous commencez, appliquez seulement une pression sur les goupilles en retirant le crochet de la serrure. Une fois que vous maîtriserez cette approche, essayez d'appliquer une pression quand le crochet se déplace de manière différente à l'intérieur du rotor.

Avec le côté plat de votre crochet, poussez sur la première goupille de la serrure. N'appliquez aucune force rotative sur le rotor. La pression que vous appliquez doit être juste suffisante pour comprimer le ressort. Cette force vous donne une idée de la pression minimum à appliquer avec votre crochet.

La pression du ressort augmentera à mesure que vous poussez sur la goupille. Essayez de sentir cette variation de force de pression.

Voyez maintenant quelle est la sensation lorsque vous poussez sur les autres goupilles en retirant le crochet de la serrure. Recommencez maintenant en plaçant le crochet et l'entraîneur dans la serrure, mais n'appliquez pas de rotation sur le rotor. En retirant le crochet de la serrure, appliquez assez de pression pour pousser chaque goupille se trouvant sur sa trajectoire.

Les goupilles doivent réagir aux sollicitations du crochet. Notez la sensation et le bruit que font les goupilles au passage du crochet. Notez la sensation d'élasticité lorsque le crochet pousse chaque nouvelle goupille.

Pour vous aider à vous concentrer sur ces sensations, essayez de compter le nombre de goupilles dans la serrure. Certaines serrures de porte comporte sept goupilles voire plus, mais les cadenas n'en ont habituellement que quatre.

Pour se faire une idée de la pression maximum pouvant être appliquée, utilisez le côté plat de votre crochet pour comprimer au maximum les goupilles dans la serrure. Quelquefois vous aurez besoin d'appliquer cette pression sur une seule goupille. Si vous rencontrez un nouveau modèle de serrure, exécutez cette procédure pour déterminer la raideur de pression de ses ressorts.

8,3 Exercice 3 : La rotation à appliquer

Cet exercice vous apprendra à déterminer la force de rotation adéquate à appliquer sur le rotor. Il fait également la démonstration de l'interaction entre la rotation et la pression décrite au chapitre 5.

La force rotative minimum que vous utiliserez doit être juste suffisante pour vaincre la friction causée par la rotation du rotor ou barillet dans le stator ou cylindre. Utilisez votre entraîneur pour tourner le rotor jusqu'à ce qu'il vienne en butée. Notez de combien de mm peut pivoter le rotor jusqu'à ce que les goupilles le bloque. La force nécessaire peut être élevée si la serrure est grippée (si elle a été laissée sous la pluie par exemple). La rotation minimum pour les cadenas inclut la tension d'un ressort placé entre le rotor et le maillon de liaison interne.

Pour déterminer la force rotative maximum pouvant être appliquée, utilisez le côté plat du crochet pour enfoncer toutes les goupilles, et essayez d'appliquer une rotation suffisante pour permettre aux goupilles de rester en bas après que le crochet ait été enlevé. Si votre entraîneur s'est tordu, vous ne pourrez maintenir en position que quelques goupilles.

Si vous exercez une rotation trop grande et trop de pression sur les goupilles lors du crochetage vous obtiendrez une situation identique à la précédente. La goupille se trouve poussée trop loin dans le stator et la force rotative est suffisante pour la maintenir en place et la bloquer.

La force rotative adéquate peut être déterminée en l'accroissant graduellement tout en pratiquant le "raclage", avec le crochet, sur les goupilles. Quelques goupilles deviendront alors plus dures à pousser. Graduellement augmenter la force rotative sur le rotor jusqu'à ce que quelques goupilles se positionnent. Ces goupilles perdront alors leur élasticité. Tout en gardant la même force de rotation, utilisez pendant un moment le crochet pour actionner les goupilles en les " raclant " à nouveau pour voir si d'autres se mettent en place.

L'erreur la plus fréquente des débutants est d'exercer une pression rotative trop importante avec l'entraîneur. Utilisez cet exercice pour trouver la force de rotation minimum nécessaire au crochetage d'une serrure.

8,4 Exercice 4 : Identifier les goupilles positionnées

Lorsque vous crochetez une serrure, essayez d'identifier les goupilles positionnées. Vous pouvez déterminer qu'une goupille est en place lorsque la pression de son ressort est plus légère. C'est à dire que la goupille peut être compressée sur une très courte distance avec une légère pression mais elle devient dure à déplacer au-delà (voire le chapitre 6 pour plus d'explications). Quand vous relâchez la pression la goupille revient en place légèrement. De plus les goupilles positionnées cliquettent si vous les effleurez avec le crochet. Essayez d'écouter ce bruit particulier.

Déplacez le crochet sur les goupilles et essayez de déterminer si ces

GUIDE DE CROCHETAGE DES SERRURES A GOUPILLES

goupilles positionnées le sont sur l'avant ou dans le fond de la serrure (ou les deux). Essayez d'identifier exactement quelles goupilles sont positionnées. Souvenez-vous que la première goupille est celle du devant (c'est à dire, celle que la clef touche en premier). Le plus important dans la technique de crochetage est la capacité de déterminer correctement les goupilles positionnées. Cet exercice vous permettra d'acquérir cette capacité.

Essayez de reproduire cet exercice en faisant pivoter le rotor dans l'autre sens. Si les goupilles du devant se positionnent quand le rotor est tourné dans un sens, les goupilles du fond se positionneront quand le rotor sera tourné dans l'autre sens, (Voire le schéma 6,2 pour comprendre ce fonctionnement mécanique).

Pour vérifier combien de goupilles sont positionnées, il suffit de relâcher la rotation et de compter les déclics produits par les goupilles revenant à leur place initiale. Essayez de remarquer la différence entre le bruit produit par une seule goupille et celui produit par deux goupilles à la fois. Une goupille mal positionnée fera aussi un bruit sec significatif.

Essayez cet exercice en variant la rotation du rotor et la pression exercée sur les goupilles. Vous devez remarquer qu'une rotation importante exige une plus grande pression pour positionner correctement l'ensemble des goupilles. Si la pression est trop importante, les goupilles seront bloqués dans le stator et y resteront.

*Note de la traduction : en cours d'exercice de " tâtage " à la maison, vous pouvez secouer le cylindre près de votre oreille afin de déterminer, au bruit, combien de goupilles sont effectivement positionnées, ce qui n'est, bien évidemment, pas possible " sur le terrain " ou en situation réelle.

8,5 Exercice 5 : Projection

Lorsque vous faites ces exercices essayez de vous représenter mentalement ce qui se produit dans la serrure. Visualiser l'intégralité du processus mécanique n'est pas obligatoire, il suffit uniquement de pouvoir se représenter quelles goupilles sont positionnées et quelle est la résistance de chacune d'entre elle. Une manière de se construire une image mentale est d'essayer de se souvenir de chaque sensation, et de ce que l'on croyait obtenir, juste avant qu'une serrure ne s'ouvre. Quand une serrure s'ouvre, ne pensez pas "c'est fini !", mais pensez "que s'est il passé ?"

Cet exercice nécessite une serrure que vous pouvez facilement crocheter. Cela vous aidera à affiner votre capacité de visualisation, ce qui est nécessaire à la maîtrise du tâtage. Crocheter une serrure, et essayez de vous souvenir des sensations ressenties lors du processus. Répétez dans votre esprit chacune de ces sensations et cherchez à quoi elles correspondent. Fondamentalement vous devez "réaliser un film" en enregistrant l'intégralité du processus de crochetage. Visualisez chacun de vos mouvements en recréant une pression et une force de rotation adéquates, ainsi que la résistance rencontrée par le crochet. Maintenant crochetez à nouveau la serrure en essayant de reproduire ces mêmes mouvements.

En répétant cet exercice, vous apprenez à effectuer des gestes précis et à interpréter chacune de vos sensations. La répétition de cet exercice vous permettra de visualiser avec plus de précision comment fonctionne une serrure et de reconnaître les étapes majeures du crochetage.

GUIDE DE CROCHETAGE DES SERRURES A GOUPILLES

Chapitre 9

Reconnaître et exploiter les faiblesses des serrures

Chaque serrure a un large éventail de particularités mécaniques et de défauts qui facilitent ou rendent plus difficile leur crochetage. Si une serrure ne réagit pas au " raclage ", c'est qu'elle possède probablement une des caractéristiques qui seront détaillées dans ce chapitre. Pour ouvrir une serrure, vous devez diagnostiquer ses caractéristiques propres et appliquer la technique adéquate. Les exercices vous aideront à développer la dextérité nécessaire pour reconnaître et exploiter les différentes caractéristiques.

9,1 De quel côté tourner ?

Il peut être très frustrant de passer un temps incalculable à crocheter une serrure et de découvrir que vous avez fait pivoter le rotor dans le mauvais sens. Si c'est le cas ce dernier tournera librement jusqu'à ce qu'il rencontre une butée, ou jusqu'à ce qu'il pivote de 180 degrés et que les goupilles passives pénètrent à nouveau dans le rotor (voire le paragraphe 9.11). Le paragraphe 9,11 explique aussi comment faire pivoter le rotor de plus de 180 degrés si nécessaire pour rétracter complètement le pêne. Quand le rotor pivote dans la bonne direction, vous devez sentir une résistance plus importante au moment où la came du rotor rencontre le ressort du pêne.

La direction dans laquelle il faut tourner le rotor dépend du mécanisme du pêne, pas de la serrure, mais il y a quelques règles générales à connaître. La plupart des cadenas bon marchés

GUIDE DE CROCHETAGE DES SERRURES A GOUPILLES

s'ouvriront quel que soit le sens dans lequel le rotor est actionné,

ainsi vous pouvez choisir le sens qui vous semble le plus confortable pour l'utilisation de l'entraîneur. Certains cadenas quant à eux ne peuvent être ouverts que si le rotor est actionné dans le sens des aiguilles d'une montre. Les serrures à " double cylindre " s'ouvrent généralement par la rotation du fond de la serrure (c'est-à-dire, du côté plat de la clef plus ou moins loin du chambranle de la porte) Les serrures à barillet simple suivent également cette règle. Voire le schéma 9.1.Les serrures intégrées dans les poignées de porte s'ouvrent habituellement dans le sens des aiguilles d'une montre. Les serrures de bureau et des classeurs s'ouvrent également dans le sens des aiguilles d'une montre.

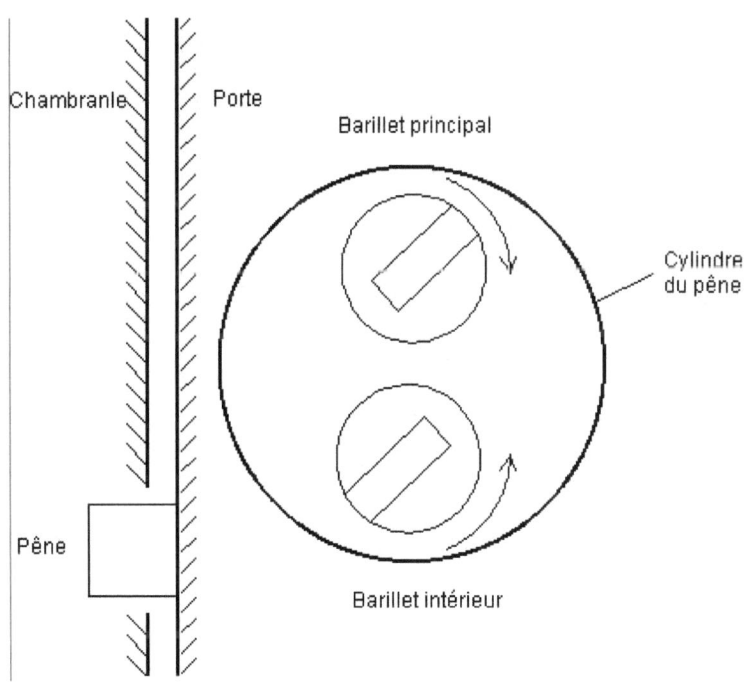

GUIDE DE CROCHETAGE DES SERRURES A GOUPILLES

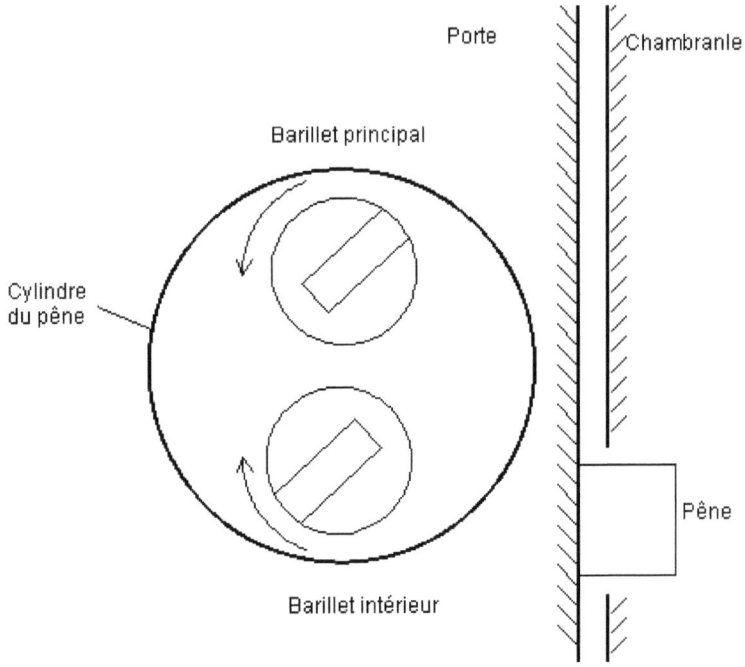

Quand vous rencontrez un nouveau modèle ou un type de mécanisme différent, essayer d'actionner le rotor dans les deux directions. Dans la bonne direction le rotor sera arrêté par les goupilles, ce blocage semblera souple si vous exercez une rotation trop importante. Dans la mauvaise direction le rotor sera arrêté par une petite patte interne de métal, cela se traduira par un blocage ferme.

Schéma 9.1 : Sens dans lequel faire pivoter le barillet

9,2 Jusqu'où tourner ?

La question complémentaire de : "Dans quel sens faire tourner une serrure ?" est "Jusqu'où la faire pivoter ?". Les serrures de bureau et classeurs s'ouvrent généralement avec moins d'un demi tour (90 degrés). Lors de l'ouverture de la serrure d'un bureau essayez d'éviter que le rotor reste en position ouverte. Les serrures intégrées aux poignées de porte s'ouvrent aussi souvent en un demi tour. Les serrures non intégrées à la poignée nécessitent quant à elles un tour complet. Les serrures de verrou, quand à elles, peuvent nécessiter un tour complet voire souvent deux.

Faire pivoter une serrure de plus de 180 degrés est difficile parce que les goupilles pénètrent à nouveau dans le stator de la serrure qui est alors rebloqué. Voir le paragraphe 9.11.

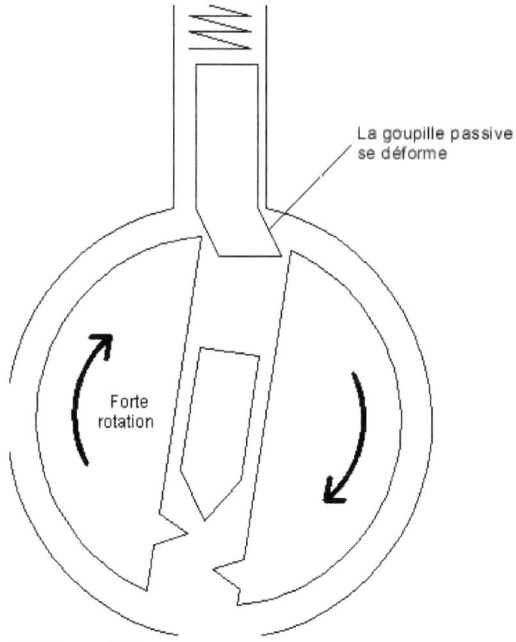

Schéma 9.2

9,3 La gravité

Crocheter une serrure dont les ressorts se trouvent sur le dessus est différent que lorsque les ressorts se trouvent vers le bas. Il est évident que les deux cas doivent être traités séparément. Le coté positif d'une serrure dont les ressorts sont en bas est que la gravité maintient les goupilles positionnées en position basse.

(*note : cas des serrures dites à profil européen)

Avec les goupilles positionnées hors de la zone de manipulation, il est plus facile de trouver les goupilles restant à positionner. Il est aussi plus aisé de tester le léger jeu des goupilles correctement positionnées. Quand les ressorts sont sur le dessus, la gravité laissera redescendre les goupilles positionnées vers le bas après qu'elles aient été bloquées sur la ligne de césure. Dans ce cas vous pouvez identifier les goupilles positionnées en remarquant les plus faciles à soulever et celles dont on ne sent pas l'élasticité. Celles positionnées cliquettent lorsque vous passez le crochet dessus parce qu'elles ne sont pas comprimées mais bloquées sur la ligne de césure.

GUIDE DE CROCHETAGE DES SERRURES A GOUPILLES

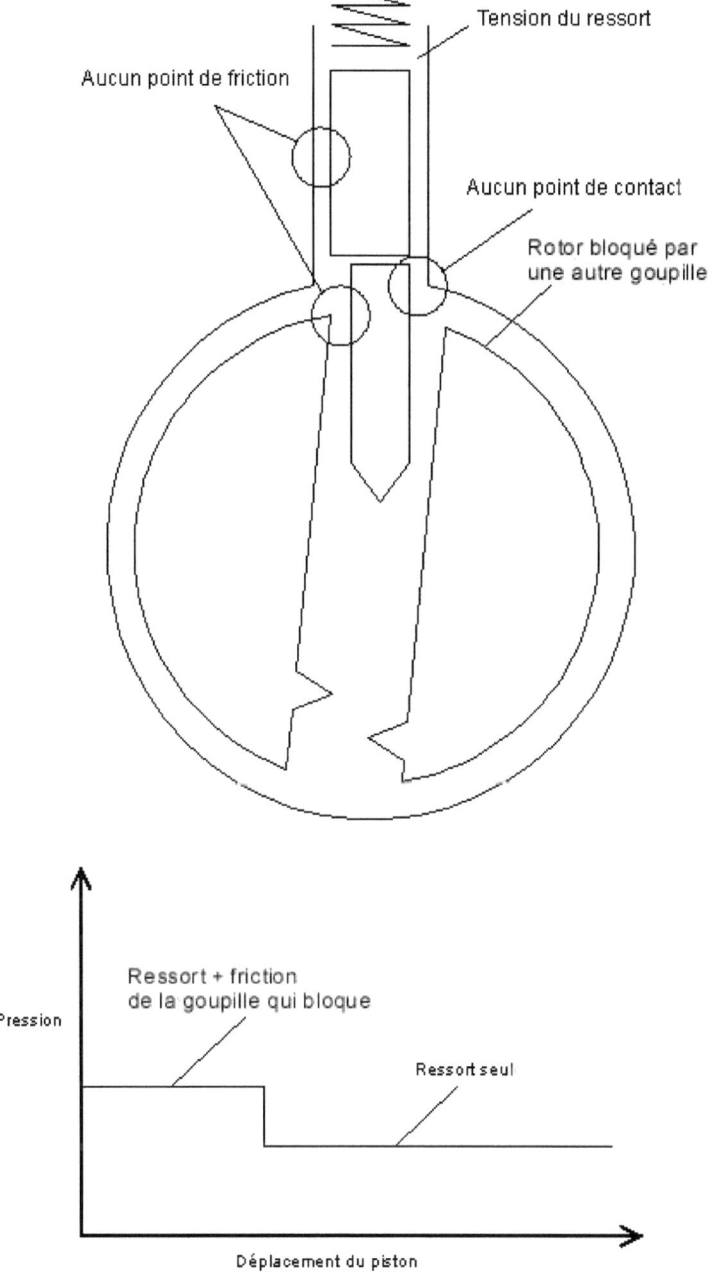

9,4 Les goupilles non positionnées

Si vous pratiquez le " raclage " sur une serrure et que les goupilles ne se positionnent pas même quand vous variez la rotation, c'est certainement que quelques goupilles son faussement positionnées et qu'elles empêchent le reste de celles-ci de se positionner correctement. Imaginez une serrure dont les goupilles nécessitent un crochetage de l'avant vers l'arrière. . Si la dernière goupille du fond est faussement positionnée en haut ou en bas (voire le schéma 9.2), le rotor ne peut pas tourner suffisamment pour permettre aux autres de se bloquer en position. Il est difficile de sentir qu'une goupille du fond est faussement positionnée parce que la tension de celles du devant rend plus difficile la détection du léger jeu d'une goupille du fond correctement positionnée. Le symptôme principal de cette situation est que les autres goupilles ne se positionneront pas à moins qu'une très forte rotation ne soit appliquée.

Quand vous rencontrez cette situation, relâchez la rotation et recommencez en vous concentrant sur les goupilles du fond. Essayez avec une légère rotation et une pression modérée ou une forte rotation et une pression importante. Essayez de sentir le déclic qui se produit quand une goupille atteint la ligne de césure générale et que le rotor tourne légèrement. Le déclic sera plus facile à sentir si vous utilisez un entraîneur rigide.

GUIDE DE CROCHETAGE DES SERRURES A GOUPILLES

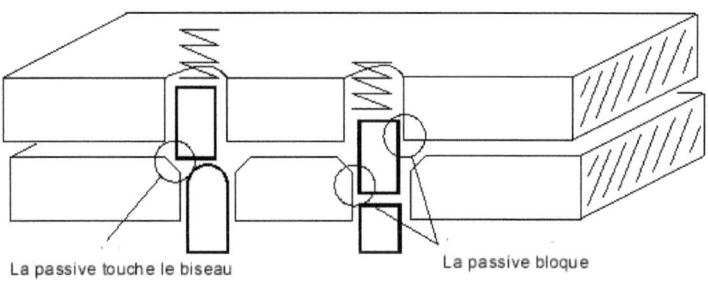

La passive touche le biseau

La passive bloque

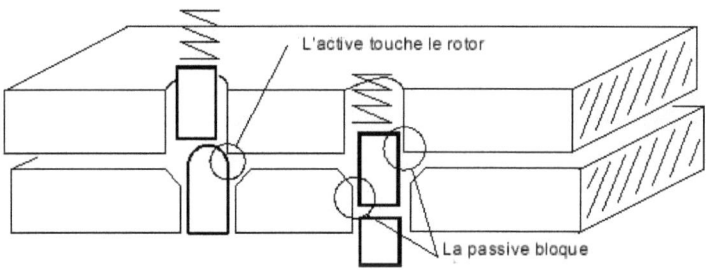

L'active touche le rotor

La passive bloque

Schéma 9.4

9,5 Déformations dues à l'élasticité

Les phénomènes de jeu intéressant le crochetage se produisent sur des distances de l'ordre du centième de millimètre. Avec de telles contraintes les métaux deviennent élastiques. Une pression très légère suffit à dévier une pièce de métal sur ces distances, et quand la force est supprimée, le métal reviendra à sa positon initiale.

De telles déformations peuvent être utilisées à votre avantage si vous voulez forcer plusieurs goupilles à la fois. Par exemple, crocheter une serrure dont les goupilles nécessitent d'être mis en place de l'avant vers l'arrière, est un processus lent parce que les goupilles se positionnent chacune à tour de rôle. C'est particulièrement vrai si vous appliquez seulement une pression en retirant le crochet de la serrure. Chaque passage du crochet positionnera seulement la goupille de devant qui bloque. Beaucoup de passages répétées seront alors nécessaire pour que toutes les goupilles soient correctement positionnées. Si la priorité de sens n'est pas très importante (c'est-à-dire que l'axe des trous du rotor est légèrement a l'oblique par rapport à la ligne centrale du barillet), alors vous pouvez positionner certaines goupilles supplémentaires en appliquant une rotation plus importante. D'un point de vue purement mécanique, la rotation exerce une torsion sur le rotor qui a pour conséquences de plus dévier l'avant du rotor que son arrière. Avec une légère rotation l'arrière du rotor reste à sa place initiale, mais avec rotation moyenne ou plus forte, les goupilles du devant bloquent suffisamment pour permettre à l'arrière du rotor de tourner et donc aux goupilles du fond de positionner à leur tour. Ainsi avec une rotation plus importante un seul passage du crochet peut en positionner plusieurs à la fois, et la serrure peut être ouverte rapidement. Cependant, une rotation par trop importante entraîne également des problèmes particuliers de blocage.

GUIDE DE CROCHETAGE DES SERRURES A GOUPILLES

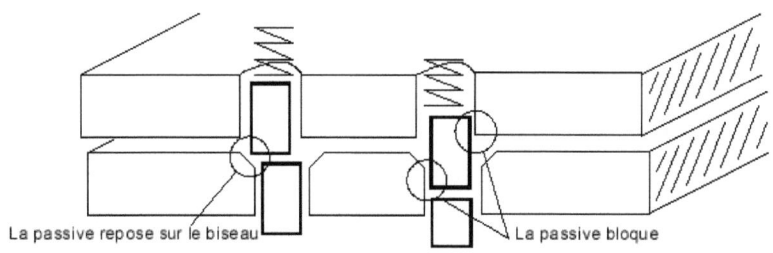

La passive repose sur le biseau   La passive bloque

Schéma 9.5

Quand la rotation est importante, les goupilles du devant et les trous du rotor peuvent être déformés jusqu'à ce que les goupilles ne puissent plus se positionner correctement. En particulier, la première a tendance à mal se positionner vers le bas. Le schéma 9,2 montre comment une rotation excessive peut déformer la base de la goupille passive et ainsi empêcher l'empêcher d'atteindre la ligne de césure. Cette situation peut être reconnue par le manque de jeu de la première goupille. Un goupille correctement positionnée semble élastique si elle est comprimée (tâtée) légèrement. Une goupille faussement positionnée ne possède pas cette élasticité. La solution est d'appuyer fortement sur la première goupille. Vous devrez alors réduire légèrement la rotation, mais si vous la réduisez trop, les autres risquent de se déloger lorsque la première goupille est relâchée.

Il est aussi possible déformer le sommet de la goupille. Le goupille est pincée entre le rotor et le stator et reste bloquée. Quand cela arrive, elle est considérée comme étant faussement positionnée vers le haut.

9,6 Rotor ou barillet ayant du jeu

Le rotor ou barillet est maintenu dans le stator ou cylindre par un usinage plus large sur le devant (en chapeau) et par une came ou un " clips " à l'arrière, plus large que le trou foré dans le stator Si la came (ou le clips) n'est pas ajustée correctement, le rotor peut avoir un léger jeu et ainsi bouger légèrement d'avant en arrière dans le stator. En utilisant le crochet de l'arrière vers l'avant, ce mouvement fera avancer le rotor, et si vous appliquez une certaine pression en introduisant le crochet, le rotor sera poussé vers l'arrière.

Le problème avec un rotor ayant du jeu est que les goupilles passives se positionnent sur l'arrière des trous de passage des goupilles du rotor plutôt que sur les côtés de ces trous. Quand vous poussez le rotor, les goupilles vont se déloger. Vous pouvez utiliser ce défaut à votre avantage en appliquant simplement une pression lors du passage du crochet de l'arrière vers l'avant ou de l'avant vers l'arrière. Ou bien, vous pouvez utiliser votre doigt ou le l'entraîneur pour empêcher le rotor d'avancer.

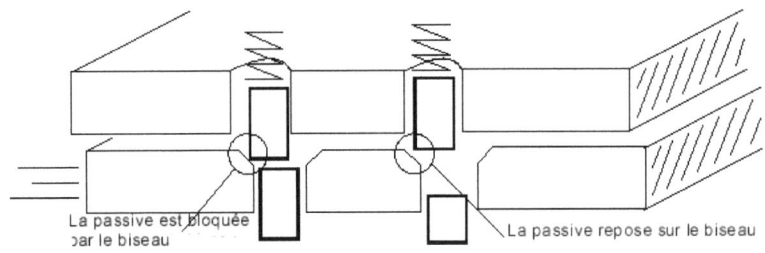

La passive est bloquée par le biseau

La passive repose sur le biseau

Schéma 9.6

schéma 9.2:La goupille est faussement positionnée à cause des déformations dues à l'élasticité du matériau.

9,7 Diamètre de la goupille

Quand la paire de goupilles dans une colonne particulière (un piston) a des diamètres différents, ce " piston " réagira de manière étrange à la pression du crochet.

La moitié supérieure du schéma 9,3 présente un " piston " dont la passive a un diamètre plus grand que l'active . Lorsque les goupilles sont soulevées, la pression de crochetage rencontre une résistance causée par le frottement et la tension du ressort. Une fois que goupille atteint la ligne de césure, le rotor tourne (jusqu'à ce qu'une autre goupille se bloque à son tour).La seule chose qui résiste à ce mouvement est la tension du ressort. Si la goupille est assez petite et que le rotor n'a pas beaucoup tourné, la goupille peut entrer dans le stator sans entrer en contact avec les bords du stator. Un autre goupille peut bloquer à son tour, cette fois encore la seule résistance sera la tension du ressort. Ce rapport est représenté dans la moitié inférieure du schéma. De prime abord, les goupilles semblent normales, puis la serrure cliquette et la goupille devient élastique. La goupille au diamètre plus petit peut être poussée jusqu'au bout dans le stator sans perdre de son élasticité, mais quand la pression de crochetage est relâchée, la goupille active reviendra à sa place initiale, la passive "plus large" accrochant le bord du trou de passage dans le rotor.

GUIDE DE CROCHETAGE DES SERRURES A GOUPILLES

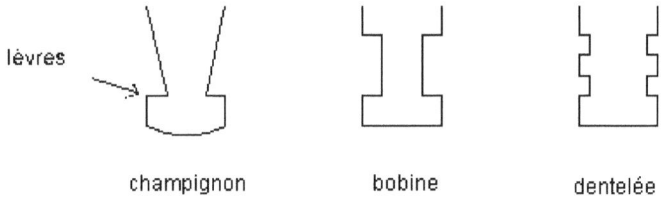

lèvres

champignon   bobine   dentelée

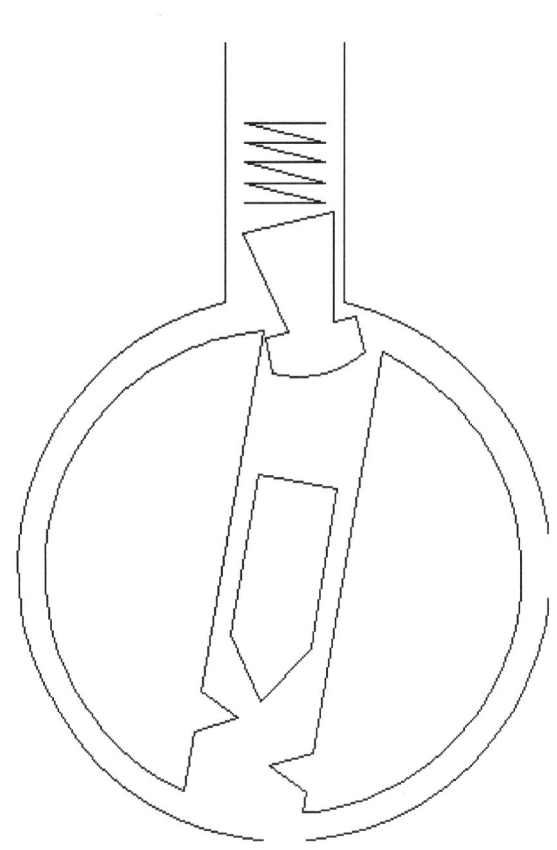

Schéma 9.7

Le problème avec une passive large est que l'active à tendance à se bloquer dans le stator quand d'autres sont positionnées. Imaginez qu'une goupille voisine soit positionnée et que le rotor tourne assez pour en coincer une plus mince. Si le crochet appuyait sur la goupille d'un diamètre plus petit en même temps que sur une positionnée, alors la goupille " plus mince " se trouverait dans le stator et empêcherait le rotor de tourner.

L'étude du comportement d'une goupille large est laissée à la charge du lecteur, dans un but didactique.

9,8 Trous biseautés et goupilles arrondies

Quelques fabricants de serrures (par exemple, Yale) biseautent les bords des trous de passage du rotor et/ou arrondissent l'extrémité des goupilles. Cela a tendance à réduire l'usure de la serrure et peut également entraver son crochetage. Vous pouvez reconnaître une serrure de ce type par le jeu important des goupilles positionnées. Voire le schéma 9.4. Cela est dû au fait suivant, les trous de passage du rotor sont biseautés et/ou les goupilles sont arrondies, la distance entre la hauteur au bord du trou du rotor et la hauteur nécessaire pour que goupille rencontre le stator est plus importante (quelquefois jusqu'à près de 1,5mm !). Lorsque la goupille se déplace entre ces deux hauteurs, la seule résistance au mouvement sera la tension du ressort. Il n'y aura pas de friction. Cela correspond à la partie décroissante du tracé des forces présenté dans le schéma 5.5.

GUIDE DE CROCHETAGE DES SERRURES A GOUPILLES

Une serrure dont le rotor a des trous de passage biseautés exige de la " racler " plus longuement, qu'une serrure qui n'est pas équipée de ce dispositif, parce que la passive se positionne sur le bord biseauté du trou de passage au lieu de se placer sur le sommet du rotor. Le rotor ne tournera alors pas si une des passives est accrochée par un bord biseauté du trou de passage. Cette goupille doit subir un nouveau " raclage " pour pousser la passive vers le haut et pouvoir enfin passer ce biseau. La passive de gauche dans le schéma 9.6a est positionnée. La passive repose sur le bord biseauté du trou de passage, et la plaque du fond se déplace assez pour permettre à la passive de droite de coincer. Le schéma 9.6b présente ce qui se passe lorsque la passive de droite est positionnée. La plaque du bas glisse plus loin à droite et dés lors la passive de gauche est pincée entre la partie du biseau et la plaque du haut. Elle est bloquée par le biseau. Pour ouvrir la serrure, la passive de gauche doit être poussée au-dessus du biseau. Une fois que cette passive est libérée, la plaque du bas peut glisser et la passive de droite peut à son tour être coincée contre son trou biseauté de passage sur le rotor.

GUIDE DE CROCHETAGE DES SERRURES A GOUPILLES

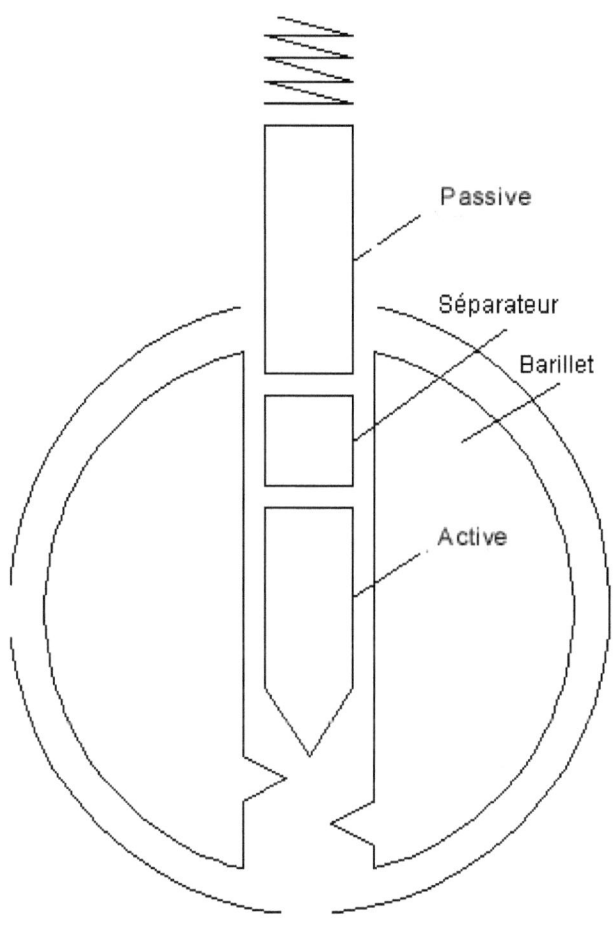

Schéma 9.8

Si vous rencontrez une serrure dont le rotor est équipé de trous de passage de goupilles biseautés, et que tous les goupilles semblent positionnées mais que la serrure ne s'ouvre pas, vous devez réduire la rotation et continuez le " raclage ". En réduisant la rotation, il sera plus facile de pousser les passives au-delà des biseaux des trous de passage. Si des goupilles se délogent quand vous réduisez la rotation, essayez en augmentant de façon croissante la rotation et la pression de crochetage. Le problème est qu'en accroissant la (les) force(s) vous pouvez bloquer quelques goupilles dans le cylindre.

9,9 Goupille en "champignon" ou goupille " anti-tâtage "

Une " truc " généralement utilisée par les fabricants de serrures pour rendre plus difficile le crochetage est de modifier la forme des passives. Les formes les plus communes sont le " champignon ", la " bobine " , " en dents de scie ", etc. ...
voir le schéma 9.7.

(*note : aussi, le " diabolo ", " les goupilles formées " de disques en pile ", etc.)

GUIDE DE CROCHETAGE DES SERRURES A GOUPILLES

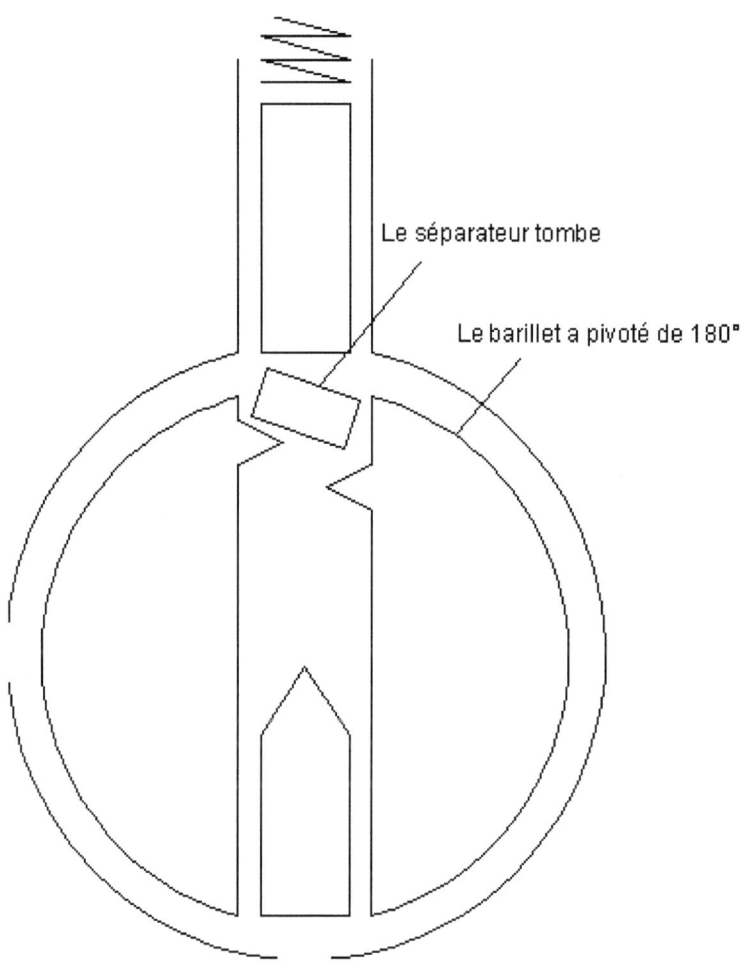

Schéma 9.9

GUIDE DE CROCHETAGE DES SERRURES A GOUPILLES

Le but de ces formes est de causer le faux positionnement des goupilles. Ces passives de formes diverses n'empêche pas une technique appelée crochetage par vibrations (voire le paragraphe 9.12), mais elles compliquent légèrement le " raclage " et le crochetage goupille par goupille (voire le chapitre 4).

Si vous crochetez une serrure et le que rotor s'arrête de tourner après avoir pivoté de quelques degrés et qu'aucune goupille ne peut être manipulée, vous avez une serrure équipée de " goupilles anti-tâtage ". En pratique, la lèvre de la passive a accroché la ligne de césure. Voire le bas du schéma 9.7.On trouve des goupilles de forme champignon et les formes bobine parfois dans les serrures RUSSWIN, ainsi que dans des serrures à plusieurs " variations " (tailles de la clef) qui permettent l'utilisation de clefs "passe partout".

Vous pouvez identifier la places des goupilles en champignon en appliquant une légère rotation et en comprimant chaque goupille. Celles dotées de " champignon " auront tendance à maintenir le rotor en position verrouillé. En poussant le plat du sommet d'une active contre le fond incliné d'une goupille passive en champignon, cela la " raidit " et empêche ainsi le rotor de tourner. Vous pouvez utiliser ce mouvement pour identifier les colonnes de goupilles équipées de " champignons". Poussez ces goupilles jusqu'à ligne de césure, même si vous en délogez, lors de cette manipulation, quelques-unes des autres, elles seront plus faciles à remettre en position que celles munies de " champignon ". Ainsi toutes les goupilles seront alors correctement positionnées sur la ligne de césure.

Une façon d'identifier toutes les " goupilles champignon " d'une serrure est d'utiliser le côté plat de votre crochet pour pousser tous les goupilles à mi-course. Cette procédure doit placer la plupart des goupilles passives dans leur position "armée" (de blocage) et vous permettre de les identifier.

Pour crocheter une serrure à goupilles passives anti-tâtage, utilisez une légère rotation et une forte pression. Toutefois il vous faudra éviter de trop comprimer la goupille dans le cylindre. En fait une autre manière de crocheter ce type de serrures est d'utiliser le côté plat de votre crochet pour comprimer toutes les goupilles, et d'appliquer une forte rotation pour les maintenir en place. Utilisez alors le " raclage "pour faire vibrer chaque goupille tout en réduisant progressivement la rotation (réduire la rotation diminue le frottement exercé sur les goupilles). La vibration et la tension des ressorts peuvent permettre aux goupilles de glisser jusqu'à la ligne de césure.

L'astuce pour crocheter les serrures à goupilles passives anti-tâtage est de reconnaître les goupilles mal positionnées. Une " goupille champignon " positionnée sur sa " lèvre " ou son " rebord anti-tâtage " n'aura pas l'élasticité d'une autre goupille correctement positionnée. La pratique vous permettra de reconnaître la différence.

9,10 Les clefs "passe partout"

Beaucoup d'applications nécessitent des clefs n'ouvrant qu'une seule serrure ainsi que des clefs permettant d'ouvrir un ensemble de serrures. Les clefs qui ouvrent de multiples serrures sont appelées les clefs "passe partout" ou clefs " maîtresse ". Pour leur permettre d'ouvrir la même serrure, un serrurier ajoute à quelques goupilles un petit segment de plus que l'on appelle un séparateur. Voire le schéma 9.8. L'effet du séparateur est de créer deux intervalles (césures) dans la même colonne de goupilles (" un piston ") pouvant être alignées avec la ligne de césure générale. Habituellement la clef " " partielle " permet d'aligner le sommet du

GUIDE DE CROCHETAGE DES SERRURES A GOUPILLES

séparateur avec la ligne de césure, et la " clef passe-partout " quant à elle entraîne l'alignement de la partie inférieure du séparateur avec la ligne de césure (le but est d'empêcher toute modification d'une " clef partielle " pour obtenir une " clef passe partout "). Quel que soit le cas, le barillet ou rotor peut alors pivoter.

En général, les séparateurs rendent les serrures plus faciles à crocheter. Ils augmentent le nombre de possibilités de mettre " au passage " (de positionner) chaque goupille, et multiplient les probabilités d'ouverture de la serrure en positionnant tous les goupilles à la bonne hauteur. Dans la plupart des cas seulement deux ou trois colonnes de goupilles seront équipées de séparateurs. Il est aisé de les identifier ,grâce à deux déclics perceptibles quand on comprime la goupille. Si le séparateur a un diamètre plus petit que ceux de la passive et de l'active, une partie de l'active vous semblera très élastique. C'est dû au fait que le séparateur ne coincera pas en traversant la ligne de césure. Il est habituel que le séparateur soit plus grand que la passive. Une augmentation des frottements, lorsque le séparateur traverse la ligne de césure, vous permet de vous en apercevoir. Du fait que le séparateur soit plus grand que la passive, il accrochera plus facilement le rotor. Si vous poussez le séparateur plus loin dans le cylindre, vous sentirez un fort déclic quand la partie inférieure du séparateur franchira la ligne de césure.

Un séparateur trop mince peut causer de sérieux problèmes. Si vous appliquez une forte rotation et que le rotor est équipé de trous de passage biseautés, le séparateur peut se tordre et se coincer sur la ligne de césure. Il est aussi possible que le séparateur tombe dans le trou de passage de la goupille de la serrure si le barillet a pivoté de 180 degrés. (Pour résoudre ce problème se référer au paragraphe 9,11).

GUIDE DE CROCHETAGE DES SERRURES A GOUPILLES

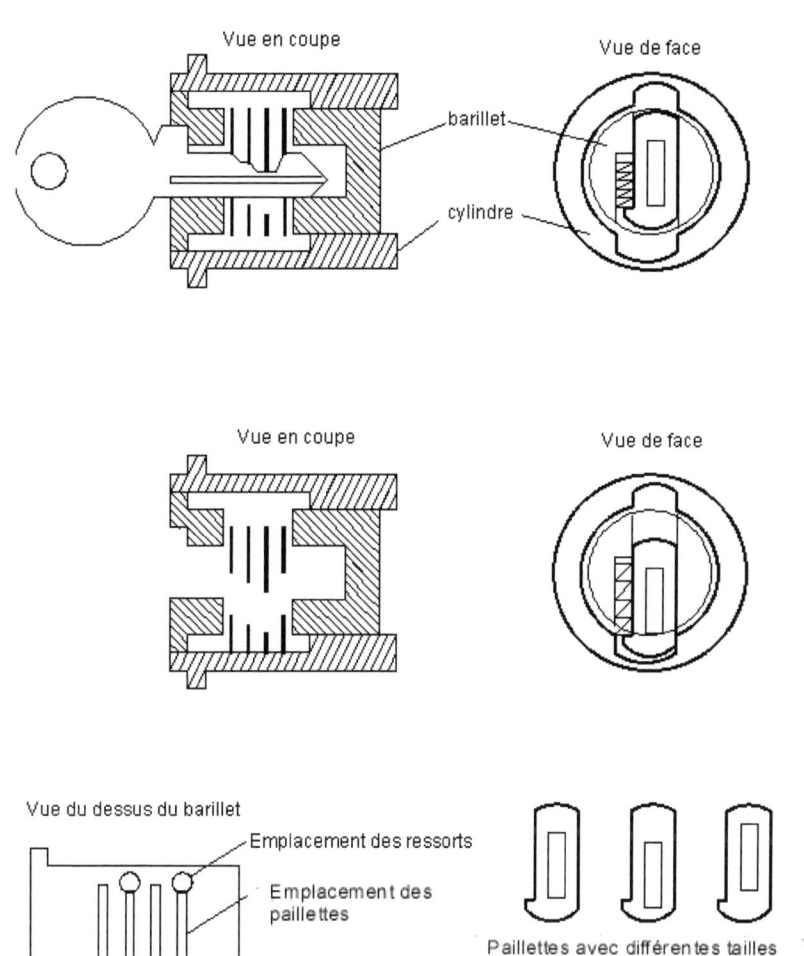

Schéma 9.10

Schéma 9.7 : Champignon, bobine, et goupilles en dents de scie

Schéma 9.8 : Séparateur pour clef "passe partout"

9,11 Une passive ou un séparateur entre dans le trou de passage

Le schéma 9,9 montre comment un séparateur ou une passive peuvent entrer dans le trou de passage de la colonne de goupilles quand le rotor pivote de 180 degrés. Vous pouvez empêcher cela en plaçant le côté plat de votre crochet dans le fond du passage de la clé de la serrure avant de faire trop pivoter le rotor. Si un séparateur ou une passive entre dans le trou de passage du rotor et vous empêche de faire pivoter ce dernier, utilisez le côté plat de votre crochet pour pousser le bas du séparateur dans le stator. Vous pouvez également avoir besoin d'un entraîneur pour limiter toute la " force de rupture " bloquant le séparateur ou la passive. Si cela ne fonctionne pas passez le côté pointu de votre crochet sur les goupilles. Dans le cas ou le séparateur tomberait complètement dans le trou de passage du rotor de la serrure, la seule option serait de l'y retirer. Un palpeur en forme de crochet est dans ce cas l'outil approprié, mais faute de mieux, un trombone recourbé peut aussi bien faire l'affaire, à moins que le séparateur ne soit coincé.

schéma 9.9:Un séparateur ou une passive peuvent entrer dans le trou de passage

9,12 Crochetage par vibrations

Le crochetage par vibrations fonctionne en créant un vide sur la ligne de césure. Le principe de base semblera familier à celui qui a déjà joué au billard. Quand une boule en heurte une autre avec force, la première boule s'arrête et transmet à la seconde sa trajectoire, sa vitesse ainsi que sa force inertielle. Imaginez maintenant un appareil qui transmettrait une onde de choc au sommet de toutes les goupilles actives. Les goupilles actives transféreraient ce mouvement aux passives qui iraient se placer rapidement dans le stator en y laissant un vide. Si vous appliquez une légère rotation à ce moment là, le barillet tournera quand toutes les passives auront traversé la ligne de césure.

*note – s'effectue en " manuel " à l'aide du " pistolet américain " appelé aussi " pistolet décrocheteur ". Il existe également des pistolets vibreurs électriques fonctionnant à piles ou à batteries.

9,13 Serrures à paillettes

Les serrures bon marché que l'on trouve sur les bureaux sont équipées de paillettes en métal au lieu de goupilles. Le schéma 9,10 représente les fonctionnements de base de ces serrures. Les paillettes ont toutes le même contour extérieur mais chaque usinage interne est différent (hauteur de " fenêtre interne " correspondant à la taille ou à la coupe de la clef). Ces serrures sont faciles à crocheter avec les outils adéquats. Du fait que les paillettes soient proches les unes des autres l'utilisation d'un crochet " semi-circulaire " semble plus approprié qu'un crochet en " demi-diamant " (voire le schéma A.1). Vous pouvez également avoir besoin d'un entraîneur plus mince. Effectuez une tension rotative modérée ou légèrement accentuée si nécessaire.

Schéma 9.10 : Fonctionnement d'une serrure à paillettes

*note - le crochet en " double boule " et un " raclage " sont particulièrement efficaces sur ce type de serrure.

un entraîneur de type " pince à épiler " également. (il applique une force rotative simultanément en haut et en bas du rotor sur l'entrée de clef contrairement à l'entraîneur classique qui lui " accroche " en un seul point du rotor)

Chapitre 10

Dernières Remarques

Le crochetage est un savoir-faire, pas une science. Ce manuel présente les connaissances techniques et les conseils nécessaires pour acquérir ce savoir faire. De plus, il vous fournit des exemples et des exercices qui vous aideront à étudier seul bon nombre de serrures. Pour exceller dans ce domaine, vous devrez toutefois pratiquer régulièrement et développer un style qui vous convienne. Mais souvenez-vous que la meilleure technique qui soit est celle qui fonctionne le mieux pour vous.

Appendice A

Les outils

Cet appendice décrit comment concevoir et fabriquer vos outils de crochetage.

A.1 Formes des crochets

Les crochets peuvent être de formes et de dimensions variables. Le schéma A.1 présente les formes les plus classiques. La poignée et la lame de chacun des crochets sont identiques. La poignée doit être confortable et la lame doit être suffisamment fine pour éviter d'actionner des goupilles inutilement. Toutefois si la lame est trop fine, elle aura tendance à se comporter comme un ressort et cela risque d'altérer la sensation du bout du crochet agissant sur les goupilles. La forme du bout du crochet détermine la précision avec laquelle celui ci peut agir sur les goupilles et quel type de réaction vous obtiendrez de chacune d'entre elles.

La forme du bout du crochet doit être un compromis entre aisance de mouvement dans la serrure, et sa finesse d'action sur les goupille. La forme en " demi diamant large " est facile à introduire et à retirer de la serrure, vous pouvez ainsi appliquer une pression sur les goupilles quand le crochet se déplace dans quelque direction que se soit. Il peut crocheter rapidement une serrure dont la longueurs des goupilles varie peu. Si la serrure nécessite une clef munies de tailles différentes dont certaines très profondes, un tel crochet ne pourra pas comprimer suffisamment la goupille centrale. Le crochet en " demi diamant fin " sera en outre mieux adapté à ce type de serrure, et en général ce type de crochet donne de meilleurs résultats pour agir sur les goupilles . Malheureusement, ce dernier est moins confortable à manipuler dans la serrure. Un crochet qui possède un bout avec un angle avant large et un angle arrière aigu fonctionne parfaitement avec les serrures Yale.

Les crochets palpeurs à forme " semi-circulaire " ou en forme de " double boule " sont particulièrement adaptés aux serrures à paillettes. (Voir le paragraphe 9.13). Les palpeurs en " diamant " ou en " boule " sont bien adaptés pour les serrures équipées de rangées de paillettes double. Le palpeur avec un bout en " crochet " est conçu pour aligner les goupilles une par une. Il peut aussi être utilisé pour " racler " les goupilles, mais la pression nécessaire ne peut alors être appliquée que de l'arrière vers l'avant. Le bout en crochet vous permet de sentir la réaction de chaque goupille avec précision et d'appliquer une pression variable. Les bouts en crochet peuvent être plat ou plus ou moins arrondi de façon à pouvoir aligner plus facilement le crochet avec les goupilles. L'avantage fondamental de " tâter " les goupilles une par une est de pouvoir éviter de les érafler. Racler les pistons laisse des rayures à leur l'extrémité et dans le passage de clef, ainsi que de la limaille de métal un peu partout dans la serrure. Si vous désirez ne pas laisser de traces, vous devez éviter le " raclage ". Le crochet " en serpent " peut être utilisée pour le " raclage " ou pour le " tâtage ". Quand vous utilisez la technique du " raclage ", les multiples protubérances d'un tel outil sont plus efficaces qu'un crochet classique. Le crochet " en serpent " est particulièrement adaptée à l'ouverture des serrures et verrous domestiques à cinq goupilles. Quand un crochet " en serpent " est utilisée pour le crochetage, il peut positionner deux ou trois goupilles en même temps. En fait, le crochet " en serpent " agit comme le segment d'une clef qui pourrait être ajustée pour soulever ou abaisser son extrémité, en l'inclinant de long en large, ou en utilisant son extrémité dans un sens ou dans un autre. Vous devez utiliser une tension rotative modérée ou forte avec le crochet " en serpent " pour permettre à plusieurs goupilles de se positionner en même temps. Ce type de crochetage est plus rapide que d'utiliser un palpeur classique (en diamant ou en crochet) mais il laisse aussi plus de traces.

GUIDE DE CROCHETAGE DES SERRURES A GOUPILLES

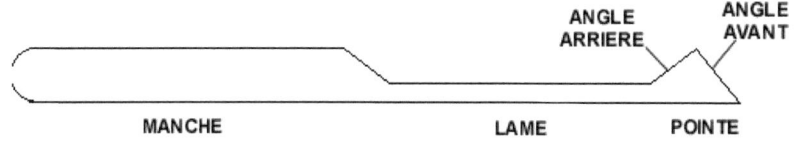

ANGLE ARRIERE   ANGLE AVANT

MANCHE   LAME   POINTE

DEMI-DIAMANT
ANGLE LARGE

DEMI-DIAMANT
ANGLE AIGU

DEMI-ROND

ROND

DIAMANT

CROCHET

SERPENT

Schéma A.1

*note - il semblerait que l'utilisation de la " vraie clef " après un crochetage effacerait en tout ou partie les menues traces de celui ci sur certains types de goupilles et/ou de serrures.

A.2 Les lamelles de balayeuses

Les lamelles d'acier de balayeuses de rue constituent un excellent matériau pour la réalisation d'outils de crochetage. Ces lamelles ont la bonne épaisseur et la bonne largeur, et ils est facile de leur donner la forme désirée. Les outils qui en résultent sont suffisamment élastiques et tout en étant rigides. Le paragraphe A.3 décrit comment réaliser des outils moins élastiques.

Le première étape dans la réalisation de ces outils est de poncer toute la rouille qui se trouve sur les lamelles avec du papier de verre fin ou de la paille de fer. Si les bords ou les extrémités de la lamelle sont tordues, utilisez un lime pour leur rendre leur forme.

*note – en France, les balayeuses n'utilisent pas de lamelles d'acier. Les essuies glaces des voitures possèdent une lame métallique aux dimensions appropriées pour la fabrication de divers crochets et entraîneurs. Les petites lames de scie à métaux destinées au modélisme également.

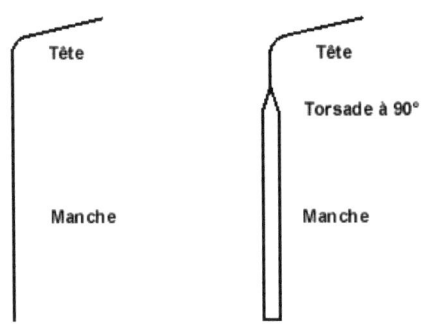

Schéma A.2

GUIDE DE CROCHETAGE DES SERRURES A GOUPILLES

Un entraîneur possède une " tête " et une " poignée " ou " un manche " comme le montre le schéma A.2. La " tête " fait habituellement 0,3 à 1 centimètre de longueur et la " poignée ", quand à elle, peut atteindre de 4 à 6 centimètres de longueur. La tête et la poignée sont séparés par un coude qui est approximativement à 80 degrés. La tête doit être assez longue pour pouvoir atteindre toute entrée de serrures (par exemple celle se trouvant au centre des poignées concaves de certaines serrures) et pouvoir agir avec puissance sur le rotor. Une poignée longue permet de contrôler avec précision la rotation, mais si elle est trop longue, elle risquera d'être entravée par le chambranle de la porte. La poignée, la tête et le coude peuvent être de dimension réduites si vous souhaitez dissimuler facilement vos outils (par exemple, dans un stylo, dans une lampe de poche, ou une boucle de ceinture). Quelques entraîneurs sont torsadés à 90 degré sur la poignée. Cette torsade permet de contrôler plus facilement la rotation du barillet en choisissant l'endroit précis où la poignée va dévier de sa position initiale. La poignée agit alors comme un ressort qui agirait plus souplement sur la rotation. L'inconvénient de cette méthode est que vous obtiendrez moins de " réponse " de la part du rotor lorsque vous appliquerez une force rotative. Pour crocheter des serrures plus complexes il vous faudra apprendre a appliquer une tension progressive avec un tenseur rigide.

Schéma A.2

La largeur de la tête d'un entraîneur détermine la finesse avec laquelle il s'adaptera à la serrure. Les serrures à gorges étroites (par exemple, les serrures de bureau) requièrent un entraîneur avec une tête mince. Avant de le recourber, limez la lamelle à la largeur désirée. Un entraîneur " universel " peut être réalisé en diminuant l'extrémité de la tête (d'environ 1 millimètre). L'extrémité de la tête conviendra parfaitement à des serrures à passage de clés minces alors que le reste de tête pourra s'adapter à des passages de clés plus classiques.

Le plus difficile dans la fabrication d'un entraîneur c'est de plier la lamelle d'acier sans l'endommager. Pour réaliser la torsade à 90 degrés sur la poignée de l'entraîneur, serrez la tête de la lamelle d'acier dans un étau (sur approximativement 3 centimètres) et utilisez une pince pour saisir la lamelle à approximativement un centimètre au-dessus de l'étau. Vous pouvez utiliser une deuxième pince si vous ne disposez pas d'un étau. Appliquez une torsion sur 45 degré. Essayez de garder l'axe de la torsion aligné avec l'axe de la lamelle d'acier. Maintenant déplacez les pinces d'un centimètre supplémentaire et appliquez une nouvelle torsion sur 45 degrés . Il vous faudra tordre la lamelle sur plus de 90 degrés pour obtenir une torsade à 90° degrés permanente.

Schéma A.1: Différentes formes de crochets palpeurs

Pour donner une inclinaison de 80° à la tête, faites dépasser la lamelle hors de l'étau d'environ 1 centimètre (il reste donc 2 centimètres pris dans l'étau). Placer la tige d'un tournevis contre la lamelle et recourbez l'acier autour du tournevis sur un angle d'environ 90 degrés. Cela devrait donner au métal une inclinaison permanente de 80 degrés. Essayez de garder l'axe de l'inclinaison perpendiculaire au manche. La tige du tournevis garantit que le rayon de cette inclinaison ne sera pas trop petit. Tout objet arrondi peut faire l'affaire (par exemple, une mèche de perceuse, une pince à épiler, ou le bouchon d'un stylo). Si vous avez des problèmes avec cette méthode, essayez de saisir la lamelle avec deux pinces éloignées d'environ 1,5 centimètre et tordez la pièce. Cette méthode produit une courbe progressive qui ne cassera pas la lamelle d'acier.

Une meuleuse facilitera beaucoup la fabrication des crochets. Cela demande un peu d'entraînement pour apprendre comment faire des découpes propres avec une meuleuse, mais il faut moins de temps pour se faire la main sur deux ou trois crochets que de confectionner un seul crochet avec une lime. La première étape est de tailler l'angle avant du crochet. Utilisez pour cela la partie plane de la meule. Tenez la lamelle d'acier à 45 degrés et déplacez la lamelle latéralement pour dégrossir le métal sur la meule. Travaillez par à-coups pour éviter de surchauffer le métal ce qui le rendrait fragile. Si le métal change de couleur (s'il rougit ou noircit), vous l'avez surchauffé, et vous devrez alors retravailler la zone colorée. Taillez ensuite l'angle arrière du bout du crochet en utilisant le bord de la meule. Habituellement un des côtés de la meule est plus coupant que l'autre, c'est ce côté que vous choisirez. Maintenez le crochet en conservant l'angle désiré puis amenez-le lentement sur l'angle du bord de la meule. Le tranchant de la meule devrait alors tailler parfaitement l'angle arrière de l'outil. Soyez sûr que bout du crochet est maintenu. Si la petite table d'appui de la meuleuse n'est pas assez proche de la meule pour pouvoir tailler le bout du crochet vous pouvez utiliser des pinces pour le tenir. La partie à tailler doit être légèrement supérieure aux 2/3 de la largeur de la lamelle d'acier. Si le bout du crochet se dessine alors proprement, continuez. Si ce n'est pas le cas arrêtez et recommencez avec une autre lamelle d'acier. Sinon, vous risqueriez de casser la lamelle d'acier en la serrant dans un étau et en la recourbant à nouveau.

Le bord de la meule est aussi utilisé pour tailler la lame du crochet. Faites un gabarit pour indiquer jusqu'à quel endroit la lame doit être taillée. La lame doit être suffisamment longue pour pouvoir atteindre la dernière goupilles d'une serrure à sept " suretés ". Taillez la lame en faisant plusieurs passages légers. Chaque passage doit aller de l'avant vers l'arrière du gabarit préalablement tracé. Essayez d'enlever moins d'un 1 millimètre de métal à chaque passage. Utilisez deux doigts pour tenir la lamelle de métal à l'angle adéquat pendant que votre autre main pousse le manche du crochet pour déplacer la lame le long du bord de la meule.

Utilisez une lime à main ou du papier émeri fin pour les finitions. L'outil doit vous paraître lisse si vous passez votre doigt dessus. Toute rugosité de votre outil ajouterait des perturbations dans la perception des sensations lors du tâtage de la serrure.

La gaine externe d'un câble de téléphone peut être utilisée pour confectionner la poignée de votre crochet palpeur. Enlevez trois ou quatre fils sur une certaine longueur de câble et installez cette gaine sur la poignée du crochet. Si cette gaine ne reste pas en place, vous pouvez utiliser de la colle époxy sur le manche avant d'installer la gaine.

A.3 Les rayons de bicyclette

Une bonne alternative pour faire des outils si vous ne disposez pas de lamelles de balayeuses c'est de les faire à partir rayons de la bicyclette. Ces matériaux sont accessibles facilement et une fois traitée à chaud (thermiquement), ils seront plus solides que des outils faits à partir lamelles métalliques non traitées.

Schéma A.2: Entraîneurs

GUIDE DE CROCHETAGE DES SERRURES A GOUPILLES

Un entraîneur peut être construit à partir d'un clou de petit diamètre. En premier lieu il faut le chauffer avec un chalumeau au propane jusqu'à ce qu'il devienne rouge, puis le retirer lentement de la flamme, et laissez le refroidir; cela le rend plus malléable à travailler. Le brûleur d'une cuisinière à gaz peut être utilisé si vous ne disposez pas d'un chalumeau. Martelez le pour lui donner une forme plane comme la lame d'un petit tournevis et recourbez-le sur approximativement 80 degrés. Le coude doit être inférieur à un angle droit parce que quelques serrures sont encastrées derrière une plaque (que l'on appelle un écusson) et il est nécessaire que l'entraîneur puisse pénétrer d'environ un centimètre dans le barillet. Trempez l'entraîneur en le chauffant jusqu'à ce qu'il devienne orange clair puis refroidissez le brusquement dans de l'eau glacée. Vous obtiendrez alors une sorte de tournevis courbe pratiquement indestructible qui durera des années malgré un usage intensif.

Les rayons de bicyclette font d'excellents entraîneurs ou même des crochets. Courbez en un à la forme que vous voulez obtenir et limez les bords jusqu'à ce qu'ils deviennent plats afin qu'ils soient rigides à la verticale et flexibles à l'horizontale. Pour les crochets plus petits pour des serrures vraiment minuscules, utilisez un ressort de grand diamètre et redressez-le en l'étirant. Si vous êtes prudent vous n'aurez pas besoin de vous lancer dans d'hasardeux travaux de métallurgie amateur.

*note : les lames d'essuie glace en acier inox font parfaitement l'affaire et se prêtent bien à la " mise en forme " à froid

A.4 les bandes métalliques qui entourent les briques

Pour remplacer parfaitement les clefs vierges (ébauches) que vous ne pouvez pas trouver en magasin, utilisez les bandes métalliques qui entourent les briques pour les transporter sur les palettes. Ce matériau est particulièrement pratique pour fabriquer presque n'importe quoi. Pour obtenir l'angle nécessaire pour l'utilisation sur des serrures, il est possible de recourber une de ces bandes en la serrant dans un étau et martelant la partie qui dépasse pour lui donner la longueur et l'angle requis.

Ces bandes métalliques sont très dures. Elles peuvent endommager une meuleuse ou une machine à clefs. Une lime est l'outil recommandé pour tailler ou travailler ces bandes métalliques.

Appendice B

Implications légales - en France –

Contrairement à un mythe bien répandu, ce n'est pas un délit de posséder des outils de crochetage. Toutefois leur emploi peut s'écarter du cadre légal en étant assimilé à une tentative de vol avec effraction, ou à une " suspicion de cambriolage " facteur aggravant pouvant avoir d'importantes répercutions pour votre avenir.

C'est pourquoi, même les serruriers, s'entourent de précautions et de témoignages lors de la rédaction du " contrat d'ouverture de porte ".

Les articles suivants du code pénal français traitent de ce sujet et présentent les peines encourues dans ce cas de figure.

Art 132-73 L'effraction consiste dans le forcement, la dégradation ou la destruction de tout dispositif de fermeture ou de toute espèce de clôture. Est assimilé à l'effraction l'usage de fausses clefs, de clefs indûment obtenues ou de tout instrument pouvant être frauduleusement employé pour actionner un dispositif de fermeture sans le forcer ni le dégrader.

Fausses clefs. Doit être assimilée à une fausse clef, celle dont le voleur fait usage pour ouvrir la serrure même à laquelle elle était destinée, soit qu'il l'ait préalablement dérobée, soit qu'il l'ait trouvée après avoir été perdue.

GUIDE DE CROCHETAGE DES SERRURES A GOUPILLES

Art. 381 Le vol simple ou sa tentative sera puni d'un emprisonnement de trois mois a trois ans et d'une amende de 1000 F à 20 000 F ou de l'une de ces deux peines seulement.

Art. 382 Sera puni d'un emprisonnement d'un an à cinq ans et d'une amende de
5 000 F à 200 000 F le coupable de vol commis ou tenté...à l'aide d'une effraction extérieure ou intérieure,... ou de fausses clefs ou de clefs volées...dans un local d'habitation ou un lieu ou sont conservées des fonds, valeurs, marchandises ou matériels...

Art. 398 Sont qualifies fausses clefs, tous crochets, rossignols, passes partout, clefs imitées, contrefaites, altérées, ou qui n'ont pas étés destinées par le propriétaire, ou le locataire, aux serrures, cadenas, aux fermetures quelconques auxquelles le coupable les aura employées.

Art. 399 Quiconque aura contrefait ou altéré des clefs sera condamné a un emprisonnement de trois mois à deux ans et à une amende de 500f à 15000f...